P. Wüest
Der Jakobsweg
Tagebuch eines Pilgers

P. Wüest

Der Jakobsweg

Tagebuch eines Pilgers

INHALTSVERZEICHNIS

VORWORT

Liebe Leserin, lieber Leser. Dieses Buch soll dir einen Eindruck davon vermitteln, was mit der Entscheidung, den Jakobsweg zu gehen an Erfahrungen und Abenteuern auf dich warten könnten. Es soll dich inspirieren, neue Wege zu gehen und zu erkunden. Egal, ob es der jahrhundertealte Jakobsweg oder einfach ein neuer Lebensabschnitt ist. Du wirst dir vielleicht dieselben oder ähnliche Gedanken darüber machen wie ich. Ich beschreibe meinen Jakobsweg und meine Ansichten dazu. Jede Pilgerin und jeder Pilger könnte ein eigenes Buch über ihre Zeit auf dem bekannten Pilgerweg schreiben und es wäre jedes Mal ein anderes. Deshalb bitte ich dich, offen für meine Gedanken zu sein. Nimm sie so an, wie ich sie schreibe.

Der Weg beinhaltet auch unschöne Dinge. Vom romantischen Pilgerweg etwas entfernt, gehören auch diese Beschreibungen dazu. Diese unschönen Teilstücke einfach mit dem Bus oder Zug hinter sich zu lassen, hat meiner Ansicht nach nichts mit Pilgern zu tun. Man sollte sich auch mit den unschönen Seiten des Lebens auseinandersetzen. Und dafür eignet sich dieser Weg ebenfalls.

Ich wünsche dir eine gute Zeit beim Lesen dieses Buches und hoffe, dass es dich auf die eine oder andere Art und Weise inspiriert, dich zum Lachen bringt oder deine Lebenszeit bereichert.

VORBEREITUNG

Am 5. Oktober 2018 habe ich beschlossen, den Jakobsweg (Camino Francés) zu gehen. Es war „zufällig" mein vierzigster Geburtstag und ich lag mit einer heftigen Erkältung zu Hause. Ich hatte mir für meinen runden Geburtstag vorgängig drei Tage frei genommen, um etwas zu unternehmen. Doch einen Tag vor diesen freien Tagen erwischte mich eine Erkältung und ich lag die drei Tage flach. Das musste wohl so sein, denn sonst wäre ich nicht auf die Idee gekommen, mich mit dem Jakobsweg auseinanderzusetzen. Das Buch „Der Jakobsweg" von Paulo Coelho hatte ich schon Jahre zuvor gelesen, weshalb der Gedanke, diesen Weg einmal zu gehen, mit dem Lesen dieses Buches entstand. Irgendwie schwebte das Buch all die Jahre in meinem Hinterkopf herum. Da ich in diesen Tagen wegen dem Schnupfen kaum aus den Augen schauen konnte, lud ich mir die Hörbuchfassung herunter und hörte mir die Geschichte noch einmal an. Das Hören von Hörbüchern ist ziemlich ungewöhnlich für mich. Aber es war zu diesem Zeitpunkt das Logischste, was ich mit meiner Erkältung tun konnte. Außerdem wollte es der „Zufall", dass an meinem Geburtstag der Film „Ich bin dann mal weg" von Hape Kerkeling im Fernsehen ausgestrahlt wurde. Das waren genug Zeichen, um den Entschluss zu fassen, dass ich bei nächster Gelegenheit den Jakobsweg unter die Füße nehmen werde. Mein Herz machte Freudensprünge!

Als erste Vorbereitung bestellte ich mir einen Reiseführer im Internet. Ich fand einen von Raimund Joos. Nachdem ich die ersten paar Seiten gelesen hatte, wusste ich, was als Nächstes zu tun war. Wanderschuhe kaufen und diese einlaufen!

Also bestellte ich mir im Internet ein Paar Wanderschuhe. Da mir die letzten Wanderschuhe der gleichen Marke passten, blieb ich dabei. Nach dreimaligem hin- und herschicken, passte dann auch die Schuhgröße. Somit konnte ich im November mit dem Training beginnen. In dieser Zeit klärte ich mit meinem Arbeitgeber, dass ich genügend Urlaub für die Reise nehmen konnte.

Im Reiseführer stand, dass man für den gesamten Camino Frances etwa 33 Tage benötigt. Ich nahm noch ein paar Ferientage vom alten Jahr dazu, um sicher fünf Wochen frei zu haben. Dazu nahm ich noch eine sechste Woche, um etwas Erholungszeit zu haben. Sechs Wochen Ferien. Wow. So viele Wochen frei am Stück hatte ich zuletzt, als ich mit zwanzig Jahren für einen Sprachaufenthalt nach Sydney ging. Was habe ich in den letzten 20 Jahren meines Lebens gemacht!? Gearbeitet, was sonst… Mit dieser Erkenntnis wurde mir klar, dass ich mehr Ferien machen und weniger arbeiten sollte! Es ist nicht so, dass ich das Arbeiten nicht mag, aber ich liebe es, das Leben in meiner Freizeit zu spüren. Außerdem stellte ich mir noch eine andere Frage: Willst du wirklich bei schon fast einmaligen sechs Wochen Ferien, fünf Wochen davon Laufen gehen? Wäre es nicht auch schön, etwas bequemer ein Land oder sogar mehrere Länder zu bereisen? Es gibt so viele Möglichkeiten, was man in sechs Wochen Ferien alles unternehmen könnte.

Nach kurzer Überlegungszeit kam ich aber zum Schluss, dass es für mich nichts Besseres gab, als meine Ferien mit Laufen zu verbringen. Ich bin gerne draußen in der Natur, um mich zu bewegen und ich bin genügsam. Außerdem bin ich gesund, was ein nicht zu unterschätzendes Kriterium sein sollte, um sich für den Jakobsweg zu entscheiden. Deshalb auch das „Training" vor dem Start. Warum ich das „Training" in Anführungszeichen schreibe, ist, weil ich es nicht besonders ernst genommen habe. Es gibt zwar Leute, die sagen, dass man kein Training benötigt und man sich während des Weges an das Laufen gewöhnt.

Aber ich finde, das funktioniert nur, wenn es keine Zeitvorgabe gibt. Wenn ich zum Beispiel drei Monate Zeit für 800 Kilometer habe, kann ich diese auch rückwärtslaufen. Aber 800 Kilometer in fünf Wochen zu laufen, benötigt schon eine gewisse Fitness.

Von dem Tag an, an dem ich meine neuen Schuhe im Briefkasten hatte, bin ich damit etwa zwei bis drei Mal im Monat gelaufen. Ich lebe in der Schweiz in einem kleinen Dorf auf dem Land, sodass ich direkt von zu Hause aus loslaufen konnte. Im Schnitt lief ich etwa 15 Kilometer pro „Training" und nur mit leichtem Rucksack. Einen Rucksack für die Wanderung hatte ich zu diesem Zeitpunkt noch nicht gekauft.

Die Wanderungen machten mir sehr viel Spaß. Ich lernte neue Wege kennen, war an der frischen Luft und fühlte mich körperlich und mental sehr gut. Zum Glück schmerzte mein linkes Knie nicht mehr. Im Dezember, kurz vor Weihnachten, stürzte ich mit dem Fahrrad und fiel auf dieses Knie.

Eine Zeit lang wusste ich nicht, ob ich den Jakobsweg in Angriff nehmen könnte. Also ging ich zum Arzt, um sicherzugehen, dass ich keine ernsthafte Verletzung davongetragen hatte. Doch der Arzt lächelte mich nur an und sagte, es sei alles in Ordnung.

Nun beschäftigte ich mich mit der terminlichen Fixierung meiner Reise. Dem Reiseführer entnahm ich, dass die meisten Pilgerinnen und Pilger den Weg von Juni bis September zurücklegen. In dieser Zeit sollen der Weg und die Herbergen sehr überfüllt sein und die Temperaturen könnten an manchen Orten über 40 Grad betragen. Wenn dir das gefällt, bitte sehr. Ich empfand beides nicht als angenehm, weshalb ich mich entschloss, Mitte März zu starten. Das passte auch gut, da ich meine letztjährigen Ferien bis Ende März aufbrauchen musste.

Den Rucksack bestellte ich mir ebenfalls im Internet. Er war etwas größer als im Reiseführer empfohlen. Mein Rucksack fasste 60 + 5 Liter, im Reiseführer wurde jedoch

ein Modell mit 45 Litern empfohlen. Ich ging auf Nummer
sicher, was ich dir nicht empfehle. 45 Liter reichen vollkommen aus!

Gepackt habe ich dann etwa zwei Wochen vor Reisean-
tritt. Dabei kamen einige Dinge zusammen. Als ich den
Rucksack dann auf meine Personenwaage stellte, merkte
ich, dass ich viel zu viele Dinge eingepackt hatte. Der
Rucksack brachte stolze 12 Kilogramm auf die Waage. Im
Reiseführer stand, dass man etwa zehn Prozent des Kör-
pergewichts mittragen sollte, in der kalten Jahreszeit ein
bis zwei Kilogramm mehr. Das wären bei mir inklusive
kalter Jahreszeit maximal neun Kilogramm gewesen. Aus
meiner Sicht waren es jedoch alles Dinge, die ich als nütz-
lich betrachtete. Mein Sicherheitsdenken hatte mich einmal
mehr im Griff.

Ich räumte den Rucksack aus und begann, die Dinge
auszuwählen, die ich nicht mitnehmen wollte. Zum Beispiel mein Schweizer Sackmesser. So etwas musste doch
bei einer solch langen Wanderung dabei sein! Doch das
Teil wog etwa 200 Gramm, also ließ ich es beiseite. Dann
war da noch meine Reiseapotheke. Ich hatte zwei Säcke
voller Pillen, Cremes, Pflaster, Verbandsmaterial und viele
andere Dinge eingepackt. Ich ließ alles da, was nicht wirklich wichtig war. Letztendlich waren Fußpflaster (Com-
peed) in verschiedenen Größen, eine Nagelschere, Imo-
dium (gegen Durchfall), Fußcreme (Hirschtalg),
Muskelcreme (Voltaren) und Pillen gegen Schmerzen dabei. Ich dachte mir, wenn mir doch etwas fehlen sollte,
werde ich es unterwegs kaufen können. Der Weg führte
schließlich durch Städte und Dörfer, in denen es genügend
Apotheken gab.

Mein Schlafsack war klein, aber recht schwer. Zum
Glück hatte meine damalige Freundin einen halb so schweren Schlafsack, den sie mir am Abend vor der Abreise net-
terweise ausgeliehen hat.

Zusammenfassend gesagt: Ich hatte mir zu wenig Gedanken darüber gemacht, was ich alles mitnehmen wollte und dass der Rucksack so leicht wie möglich sein sollte. Jedes Gramm Gewicht, das du mit dir trägst, bedeutet eine zusätzliche Belastung für deinen Körper. Spätestens nach 10, 20 oder 30 Kilometern am Tag wirst du das spüren. Ich bin beim „Training" nie mit dem Rucksack gelaufen. Auch das empfehle ich dir nicht. Nimmt das Teil so oft du kannst mit!

Was ich dir außerdem dringend empfehle, sind Wanderstöcke. Wenn du noch nie mit Wanderstöcken gelaufen bist, braucht es etwas Eingewöhnungszeit. Aber auf diesem langen Weg sind sie eine große Hilfe, um Verletzungen vorzubeugen und sicher unterwegs zu sein. Wanderstöcke und viele weitere Accessoires wie Hüte, Regenponchos usw. gibt es übrigens auch am Ausgangspunkt des Camino Francés in Saint-Jean-Pied-de-Port zu kaufen, falls du etwas vergessen haben solltest oder du so spontan bist und ohne viel Vorbereitung einfach zum Ausgangspunkt fährst und loslegst.

In den Rucksack hatte ich meine vorhandene Trinkvorrichtung für zwei Liter Wasser montiert. Beim Laufen hatte sich diese als sehr praktisch erwiesen. Als Kleidung hatte ich eine wasserdichte, gefütterte Jacke mit herausnehmbarem Innenfutter, drei T-Shirts, zwei Hosen (eine mit Reißverschluss, um sie zu kurzen Hosen umzuwandeln), drei Unterhosen und drei Paar Socken eingepackt.

Dazu kamen noch ein Sonnenhut, eine Sonnenbrille, mein Mobiltelefon mit Ladegerät, Kopfhörer, Bargeld und eine Bankkarte, eine Zahnbürste mit Zahnpasta, ein kleines Duschgel, ein kleines Duschtuch, leichte Badeschlappen, Turnschuhe, Identitätskarte und mein Pilgerbüchlein. Letzteres kannst du am Ausgangspunkt in Saint-Jean-Pied-de-Port bei der Registrierung oder vorgängig bei einem Pilgerverein in deiner Heimat kaufen. Jede Pilgerin und jeder Pilger werden am Ausgangspunkt mit Namen und Vornamen sowie seinem Herkunftsland registriert.

Bei der Registrierung kannst du eine Jakobsmuschel kaufen, die du an deinem Rucksack befestigst. Die Muschel gilt als Zeichen, dass du eine Pilgerin bzw. ein Pilger bist.

Eines der wichtigsten Dinge bei der Vorbereitung auf den Weg sind die Schuhe. Sie werden über einen längeren Zeitraum hinweg deine treuen Begleiter sein und du wirst sie entweder lieben oder hassen. Das hängt davon ab, wie gut sie zu dir und deinen Füßen passen. Ich hatte den Fehler gemacht, meine Schuhe im Internet zu bestellen und davon auszugehen, dass sie groß genug wären. Zu den Schuhen hatte ich ebenfalls im Internet noch weiche Einlegesohlen und Wandersocken gekauft. Durch die Einlegesohlen und die dicken Wandersocken wurden die Schuhe im Inneren immer kleiner. Und wie ich nach ein paar Tagen auf dem Weg feststellte, schwollen meine Füße aufgrund der ungewohnt hohen Belastung an. Du kannst dir sicher vorstellen, dass es danach nicht mehr angenehm war zu wandern – sehr gelinde ausgedrückt!

Abhilfe schaffte nur das Ersetzen der dicken Einlegesohlen durch dünnere. Diese schmerzhafte Erfahrung möchte ich dir ersparen. Daher ist es wichtig, dass du die richtigen Schuhe hast! Ich empfehle dir, unbedingt einen Orthopäden oder wenigstens ein gutes Schuhgeschäft aufzusuchen. Dort werden deine Füße untersucht und du erhältst Empfehlungen für gute Schuhe, Einlagen und Socken. Du kannst dir nicht vorstellen, welche Schmerzen dir zu kleine oder unbequeme Schuhe bereiten können. Bei einem soliden Wanderschuh, der über die Knöchel reicht, solltest du auf keinen Fall sparen. Es gibt zweilagige Wandersocken, die die Blasenbildung verhindern oder zumindest reduzieren. Ich habe damit sehr gute Erfahrungen gemacht.

Kaufe je nach Jahreszeit zwei Paar Schuhe. Einen leichten, atmungsaktiven Schuh für die ebenen Strecken und einen wasserfesten Wanderschuh, der über den Knöchel reicht. Das zweite Paar, welches du nicht an deinen Füssen trägst, nimmst du im Rucksack mit.

Der Weg führt über drei Berge, ist zum Teil sehr steinig und du wirst froh sein, einen stabilen Schuh mit seitlicher Stabilität für dein Fußgelenk zu haben. Ich hatte einen leichten Wanderschuh und Turnschuhe dabei. Die Turnschuhe hatte ich etwa 20 km lang getragen, nachdem ich die engen Wanderschuhe nicht mehr aushielt. Leider waren die Turnschuhe ebenfalls zu klein für meine angeschwollenen Füße und dicken Socken. Daher nützten mir diese Schuhe nicht viel.

Nochmals zur Wiederholung, wie man es nicht machen sollte: Zuerst die Wanderschuhe, dann die Wandersocken und zuletzt die Schuheinlagen im Internet bestellen!

Für die Anreise hatte ich als Transportmittel den Zug gewählt. Die Wahl, wie du zum Startpunkt gelangst ist natürlich abhängig davon, woher du anreist. Ich reise gerne mit dem Zug, denn ich finde es viel angenehmer, als in einem engen Flugzeug zu sitzen. Außerdem kommt so auch der Umweltaspekt zum Tragen. Für die Rückreise hatte ich einen Direktflug mit EasyJet nach Basel gebucht. Mit dem Zug hätte ich etwa zwei Tage benötigt. Die Spanier sind da leider noch nicht so weit wie die Franzosen und die Schweizer, was schnelle Züge und gute Verbindungen betrifft. Ein Wanderkollege hatte mir erzählt, dass die Anreise mit dem Flixbus (z. B. aus Deutschland) sehr kostengünstig sei.

Wichtig für alle Transportmittel: Je früher du buchst, desto günstiger ist der Preis.

Mein Fazit zu den Vorbereitungen: Geh die Planung frühzeitig an. Also etwa ein halbes Jahr vor der Wanderung. Kaufe die Ausrüstung in einem Fachgeschäft. Die Ersparnis durch einen Kauf im Internet holst du niemals durch eine gute Beratung heraus! Achte bei der Auswahl der Schuhe darauf, dass sie leicht sind, über die Knöchel reichen und sich durch Wasserdichte auszeichnen. Ein Rucksack mit einem Volumen von 45–50 l reicht völlig aus.

Beschränke dich auf das Nötigste und achte bei allen Din-
gen, die du mitträgst auf deren Gewicht. Wäge deinen
Rucksack vorher. Er sollte maximal 9 kg wiegen, je nach
Körpergewicht. Je leichter du bist, desto leichter sollte dein
Rucksack sein. Du wirst es dir danken!

ANREISE

Am Samstag, dem 16.03.2019, fuhr ich früh morgens mit dem TGV von der Schweiz nach Paris zum Gare de Lyon. Dort nahm ich die Metro 12 Stationen weit zum Gare Montparnasse, um von dort aus nach Bayonne weiterzufahren. Am Gare Montparnasse gab es sehr freundliche Bahnmitarbeiter, die mir halfen, den richtigen Zug zu finden. Ein toller Service, wie ich fand. Die Zugfahrten waren sehr angenehm, und ich verbrachte die Zeit mit Lesen, Musikhören und Schlafen.

In Bayonne hatte ich einen zweistündigen Aufenthalt und lief etwas durch die Stadt. Sie liegt an einem Fluss und ich kam an einem Flohmarkt vorbei. Mit meinem schweren Rucksack lief ich durch die kleinen Gassen und versuchte, die Zeit zu überbrücken. In einer Bäckerei kaufte ich mir ein leckeres Sandwich. Anschließend besuchte ich die Kirche, die sich gleich gegenüber vom Bahnhof befand. Dort zündete ich eine Kerze an und betete für eine gute Reise. Ich ging frühzeitig zum Gleis. Dort stand bereits ein kurzer Zug, mit dem ich die letzte Etappe meiner Zugreise nach Saint-Jean-Pied-de-Port antrat. Im Zug saßen bereits einige Passagiere, darunter auch welche mit Rucksäcken. Die wollten sich wohl ebenfalls auf den Jakobsweg machen.

Der Zug fuhr durch die grüne Landschaft, während die Abendsonne langsam unterging. Es war eine herrliche Stimmung und ich genoss die Fahrt. Nach etwa einer Stunde fuhr der Zug am Zielort ein. Ich stieg aus und bemerkte eine Gruppe von vier Personen mit Rucksäcken, die zielstrebig losliefen. Da sie sich auskennen mussten, lief ich ihnen hinterher. Sie führten mich direkt zum Pilgerbüro in Saint-Jean-Pied-de-Port, was auch mein Ziel war.

Das Büro befand sich in einem alten Haus mit einer ebenso alten Tür. Ich klopfte an und kurze Zeit später wurde mir die Tür geöffnet. Ein älterer Herr begrüßte mich freundlich und ich konnte nach einer kurzen Wartezeit meinen Pilgerpass und meine Identitätskarte vorzeigen. Der Pilgerfreund sprach sogar etwas Deutsch und erklärte mir die Strecke. Er wies mich darauf hin, dass der Pass „de Napoleon" wegen Schnee derzeit gesperrt sei und ich diesen keinesfalls überqueren dürfe. Die Polizei würde Kontrollen machen und wenn ich erwischt würde, gäbe es eine Geldbuße von 12.000 Euro. „Das wäre dann wohl eine der teuersten Pilgerreisen, die es gibt", sagte ich zu mir. Ich hatte keine Lust, dieses Risiko auf mich zu nehmen.

Er händigte mir eine Karte aus, auf welcher eine begehbare Passstraße eingezeichnet war, und diesen Weg würde ich morgen auch gehen. Im Pilgerbüro kaufte ich mir noch eine Jakobsmuschel, die ich an meinem Rucksack befestigte und mich nun den ganzen Weg begleiten sollte. Der Pilgerfreund stempelte meinen Pilgerpass mit dem ersten Stempel des Jakobsweges, ich bedankte mich und verließ das Pilgerbüro.

Draußen angekommen, befand sich gleich links des Pilgerbüros eine Pilgerherberge und ich meldete mich dort an. Und schon erhielt ich vom freundlichen Herbergsvater (Hospitalero) den zweiten Stempel in meinem Pilgerpass. Ich bezahlte 10 Euro für die Übernachtung. Als er mir das Zimmer zeigte, traf ich dort auf drei freundliche Leute. Wie sich bei einem kurzen Gespräch herausstellte, kamen alle drei aus Holland. Es waren zwei ältere Männer namens Andris und Pierre und eine jüngere Frau namens Marjolein. Sie waren mir auf Anhieb sympathisch, sodass ich mich für die erste Nacht wohlfühlte.

Ich legte meinen Rucksack neben das Kajütenbett und ging wieder nach draußen, um mir die Stadt anzusehen. Es war bereits dunkel, daher sah ich nicht mehr viel. Ich rauchte eine Zigarette und schrieb meinen Lieben zu Hause, dass ich gut angekommen war. Dann lief ich doch noch kurz durch die Gassen und bekam Lust auf ein Bier. Ich vernahm Musik und steuerte die Bar an.

Dort waren die drei Holländer und wir tranken zusammen ein Bier. Sie redeten alle recht gut Deutsch, sodass die Verständigung kein Problem war. Um 22 Uhr ging ich schlafen und freute mich über den ersten erlebnisreichen Tag und bedankte mich bei Gott, dass alles so reibungslos verlief. Vor allem aber freute ich mich auf die erste Etappe. Endlich ging es los! Ich war hoch motiviert und wäre am liebsten schon in der Nacht losgelaufen. Bereits bei der ersten Übernachtung bemerkte ich, dass ich nicht allein im Schlafraum war. Das laute Schnarchen eines der Holländer war nicht zu überhören! Zum Glück war ich darauf vorbereitet und steckte zwei weiche Ohrstöpsel in meine Ohren. Unverzichtbar auf dem Weg beziehungsweise im Bett!

TAG 1

Saint-Jean-Pied-de-Port – Roncesvalles, Sonntag,
17.03.2019,
25,2 km

Ich schlief gut und wachte um sieben Uhr erholt auf. Die
Holländer waren ebenfalls etwa um diese Zeit wach und
wir frühstückten zusammen in der engen Küche. Dort waren auch noch andere Leute anzutreffen. Die meisten waren ruhig und wohl in Gedanken schon auf dem Weg.
Nach und nach leerte sich die Küche und auch ich machte
mich bereit. Ich war froh, die Holländer in der Nähe zu haben, denn einer von ihnen war schon zum dritten oder
vierten Mal unterwegs und kannte sich bestens aus. Ich
wollte mich nicht gleich am ersten Tag verlaufen.

Ein paar Schritte nach der Herberge Richtung Jakobsweg
gab es ein Geschäft mit Wanderutensilien. Die Holländerin
kaufte sich Wanderstöcke und ich Gummis für meine Stöcke, wodurch diese an der Unterseite gedämpft wurden.
Die Verkäuferin sagte mir, dass diese den ganzen Weg halten würden. Ich kann an dieser Stelle schon verraten, dass
sie Recht behielt.

Wir liefen dann langsam los, über die Brücke und in
Richtung der Berge. Als ich die ersten Wegmarkierungen
mit der Jakobsmuschel als Zeichen sah und sicher auf dem
Weg war, verabschiedete ich mich höflich von den Holländern und lief ihnen davon. Ich wollte den Jakobsweg für
mich allein gehen und mich nicht schon auf der ersten
Etappe an andere Leute heften.
Zudem hatte ich ein schnelleres Lauftempo und freute
mich wie ein kleines Kind auf mein Abenteuer. Also lief
ich allein weiter und begegnete ab und zu ein paar Leuten.

Irgendwo auf dem Weg begegnete ich einem etwa 60-jähri-
gen deutschen Pilger, der eine Kirche fotografierte. Ich
wechselte ein paar Worte mit ihm und ging meines Weges.
Anfänglich führte dieser mit leichter Steigung durch das
Tal. Danach wurde es steiler und es gab schöne Waldwege.
Später lief ich auf einer Passstraße. Zum Glück gab es an
diesem Sonntagmorgen nicht viel Verkehr. Gegen Ende
der Etappe regnete es leicht und auf der Passhöhe wurde
der Regen etwas intensiver. Außerdem war es neblig und
kalt.

Nach etwa sechs Stunden, 25 km und 800 Höhenmetern
war ich froh, mein erstes Etappenziel, das Kloster von Roncesvalles, erreicht zu haben. Ich war erstaunt, wie viele
Leute sich in der Empfangshalle befanden. Kein Mensch
hatte mich auf der ganzen Strecke überholt. Ich nahm an,
dass ich der Erste sei. Doch bei einem Gespräch mit einem
Pilger stellte sich heraus, dass dieser nicht in Saint-Jean-
Pied-de-Port, sondern in einer Ortschaft danach gestartet
war und weniger Kilometer zurückgelegt hatte als ich. Ich
musste über mich selbst lachen, denn es war ja kein Wett-
bewerb, wer zuerst am Etappenziel ankam. Außerdem gab
es verschiedene Menschen mit verschiedenen Startpunk-
ten, Etappenzielen und vor allem einem unterschiedlichen
Zeitraum, in dem Sie den Weg liefen.

Die erste Erkenntnis: Jede Pilgerin und jeder Pilger sind
auf ihrem/seinem Weg und in ihrem/seinem eigenen
Tempo unterwegs.

Sogar das Ziel war nicht immer Santiago de Compostela,
wie ich später erfahren sollte. Das lernte ich an meinem
ersten Tag. Trotz dieser Einsicht fühlte ich mich stolz, diese
Etappe so gut gemeistert zu haben. Ich mag körperliche
Herausforderungen, und das Erklimmen dieses Berges war
nicht ohne Anstrengung möglich.

In der Herberge angekommen, erhielt ich den nächsten
Stempel in meinem Pilgerausweis und durfte mir ein Bett
aussuchen.

Ein Teil des Klosters war zu einer schönen, modernen Herberge umgebaut und es waren viele Pilgerinnen und Pilger dort. Wohl auch deshalb, da es in der Umgebung die einzige Herberge war. Es gab Kojen mit zwei Kajütenbetten (ein Bett unten und eins oben), von denen die anderen drei Betten von Südkoreanern besetzt waren. Es waren Vater, Mutter und Sohn. Südkoreaner hatte es auf dem Weg viele, darüber war ich anfangs ziemlich erstaunt. Ich fand heraus, dass Südkorea größtenteils katholisch ist und es wohl deshalb so viele waren. Die anderen Pilger kamen aus Europa und einige wenige aus Amerika.

Der Jakobsweg (Camino de Santiago) wurde 1047 erstmals in einer Urkunde erwähnt und führt zum Grab des Apostels Jakobus in Santiago de Compostela. Das Grab des Apostels war der Grund, weshalb Santiago de Compostela zu einem bedeutenden Wallfahrtsort für Christen wurde. Im Mittelalter pilgerten Tausende von Menschen aus ganz Europa dorthin. Es entstanden verschiedene Jakobswege durch ganz Europa, die sich schließlich zu einem Ganzen Netzwerk vereinten. Der bekannteste Weg ist der, auf dem ich seit einem Tag unterwegs war. Er heißt Camino Francés.

Zurück zu meinem Aufenthalt in der Herberge. Ich hängte meine nassen Kleider so gut es ging in meiner Koje auf, ging duschen und spürte zum ersten Mal meine schweren Beine. Aber das Gefühl war gut und ich wusste, dass ich hier das Richtige tat. Endlich war ich auf dem Weg, den ich schon seit Jahren gehen wollte. Bereits mit 20 Jahren hatte ich das Buch von Paulo Coelho gelesen. Ich habe mir Filme über den Jakobsweg angeschaut und mir vorgestellt, wie es sein würde, diesen legendären und historischen Weg mit eigenen Füßen zu gehen. Endlich war ich unterwegs, und das war ein wunderschönes Gefühl.

Am Abend besuchte ich die Pilgermesse in der schönen Klosterkirche. Es waren auch Einheimische da und so kam es, dass ich zwischen zwei älteren, einheimischen Damen saß.

Am Ende der Messe durften die Pilgerinnen und Pilger vor den Altar treten und wir wurden vom Priester gesegnet. Ich fand das ein sehr schönes Ritual. Danach ging ich in ein nahegelegenes Restaurant zum Abendessen. Ich hatte mich mit dem deutschen Pilger verabredet, den ich unterwegs kennengelernt hatte und in der Herberge wieder über den Weg lief. Als wir das Restaurant betraten, saßen dort natürlich schon die Holländerin und die beiden Holländer. Wir genossen einen unterhaltsamen und fröhlichen Abend.

TAG 2

Roncesvalles – Zuribi, Montag, 18.03.2019,
23,7 km

Am nächsten Morgen wurden wir Pilger:innen mit
Chormusik aus den Lautsprechern geweckt. Das war ein
wunderschönes Erwachen! Beim Frühstück traf ich wieder
auf die gut gelaunten Niederländer und der deutsche Pilger gesellte sich ebenfalls dazu. Wir hatten ein feines Frühstück für 5 Euro und es war sehr lustig. Ich fühlte mich so
frei und war gespannt, was mich heute auf dem Weg erwarten würde. Über Nacht hatte es etwas geschneit und
die Temperatur lag um den Gefrierpunkt.

Bevor wir uns auf den Weg machten, knipsten wir ein
paar Fotos mit der Verkehrstafel auf der „Santiago 790 km"
stand. Allmählich trennte ich mich von den anderen und
genoss die Natur. Der Weg führte immer leicht bergab und
verlief oft durch den Wald. Eine wunderschöne Strecke!

Nach etwa zehn Kilometern begann meine linke Hüfte
zu schmerzen. Ich musste mehrere Pausen einlegen, doch
die Schmerzen wurden dadurch nicht weniger. Nach 22
Kilometern kam ich in Zuribi an. Ich konnte vor Schmerzen kaum noch gehen und suchte im Reiseführer nach einer Herberge. Die Ausgewählte war vom Dorfzentrum aus
noch etwa 400 Meter entfernt. Ich schleppte mich dorthin
und stellte verärgert fest, dass sie geschlossen war. Es war
noch nicht Pilgersaison und nicht alle Herbergen hatten geöffnet. Also schleppte ich mich fluchend zurück zum Dorfzentrum.

Unterwegs traf ich einen Südkoreaner, dem ich auf Englisch mitteilte, dass die Herberge weiter hinten geschlossen
sei.

Er bedankte sich auf Deutsch und wir liefen plaudernd zurück ins Dorfzentrum. Dort fanden wir eine tolle Herberge gleich neben der gebogenen Steinbrücke, über die ich ursprünglich ins Dorf gekommen war. Wir wurden sehr freundlich aufgenommen und konnten ein Vier-Bett-Zimmer beziehen. Ich fragte den Südkoreaner, warum er so gut Deutsch spreche, und er antwortete, dass er eine Zeit lang in Deutschland bei einer Bank gearbeitet habe. Dort habe er kündigt und lebe seit kurzem mit seiner Familie wieder in Südkorea wo er sich beruflich neu orientieren wolle. Zuhause seien Frau und Kind und er sei ihnen sehr dankbar, dass sie ihm trotz der familiären Verpflichtungen den Weg ermöglichten. Er wirkte auf mich ruhig und bescheiden, was ihn sehr sympathisch machte.

Später kamen noch ein Italiener und eine Frau dazu. Ich weiß aber nicht mehr, aus welchem Land sie kam. Es sei angemerkt, dass die Schlafräume in den Unterkünften gemischt sind. Es gibt keine Schlafräume nur für Frauen oder nur für Männer. Nach etwa zwei Stunden trafen auch meine bereits bekannten Pilgerfreunde aus Holland und aus Deutschland ein. Ich erzählte ihnen von meinen Hüftschmerzen und wir stellten fest, dass mein Rucksack nicht richtig eingestellt war. Er drückte mir ständig auf einen Muskel an der Hüfte, was sich natürlich mit der Zeit bemerkbar machte.

Mein deutscher Pilgerfreund zog dann seine große Apotheke aus dem Rucksack und erzählte, dass seine Frau Ärztin sei. Doch das war noch nicht alles. Er habe viele Kolleginnen und Kollegen, die ebenfalls Ärztinnen und Ärzte seien, und jeder von ihnen habe ihm auf seinem jeweiligen Spezialgebiet etwas für den Weg mitgegeben. Nach telefonischer Rücksprache mit seiner Frau, bekam ich eine dicke, entzündungshemmende Pille verordnet. Diese nahm ich mit großem Vertrauen und Zuversicht ein.

Mein Pilgerfreund war an diesem Tag mein Engel, denn ich hatte schon befürchtet, dass ich morgen nicht mehr weiterlaufen könnte.

Ich fand eine Apotheke im Dorf und kaufte dort eine
Creme für die Muskeln. Danach beschloss ich, das Gewicht
meines Rucksacks zu reduzieren und überlegte, welche
Gegenstände ich nicht unbedingt benötigte. Also ließ ich
ein Parfüm, einen Kapuzenpulli und weitere kleinere
Dinge zurück, die zusammen doch ein paar 100 Gramm
ausmachten. Außerdem stellte ich meinen Rucksack so ein,
dass das Gewicht nicht nur auf der Hüfte lastete. Später
gingen wir fein essen und ich betete am Abend, dass die
Schmerzen in meiner Hüfte, bis am nächsten Tag vorüber
wären. Denn ich wollte unbedingt weiterlaufen. Nach nur
zwei Tagen einen Nothalt einzulegen, war nicht Teil meines Plans!

TAG 3

Zuribi – Pamplona, Dienstag, 19.03.2019,
23,7 km

Als ich am nächsten Tag aufstand, waren die Schmerzen in der Hüfte zum Glück wie weggeblasen! Ich war überglücklich und bedankte mich nochmals mit Tränen in den Augen bei meinem „Engel".

Die Etappe von 20 km war fast eben und das Laufen fiel mir immer leichter. Nach einiger Zeit kam ich an einer alten Kirche vorbei, die mich magisch anzog. Ich ging zum Eingang, doch die Tür war verschlossen. Als ich schon weitergehen wollte, öffnete jemand die Tür. Es war der Besitzer der Kirche, mit dem ich ein interessantes Gespräch führte. Er erzählte mir, dass er aus Südafrika komme und sich vor einiger Zeit ebenfalls auf den Pilgerweg machte. Dabei habe er diese sehr alte Templer-Kirche erblickt, die ihn so faszinierte, dass er sie gekauft hat, und nun renoviert. Er zeigte mir den alten Boden des Eingangs mit den mystischen Zeichen darin. Dann zeigte er mir die baufällige Kirche, die noch viel Arbeit benötigte. Der Südafrikaner erzählte mir, dass er oft Volontäre habe, die ihm gegen Kost und Logis helfen würden. Das hätte mir auch gefallen, aber nicht jetzt. Er stempelte meinen Pilgerausweis und ich bedankte mich mit ein paar Münzen bei ihm für das Gespräch und die Führung durch seine Kirche.

An diesem Tag war Vatertag, was ich erst später bemerkte, da viele Bars geschlossen hatten. Ich musste zwölf Kilometer laufen, bis ich endlich einen Stand mit Essen und Getränken erreichte und mein Café con Leche (Kaffee mit Milch) trinken und etwas essen konnte.

Der Besitzer war ein Mann aus den USA, der sich hier eingerichtet hatte, um die Pilger auf ihrem Weg zu verpflegen und etwas Geld zu verdienen. Plötzlich sah ich das

Foto, das er an einem Pfosten aufgehängt hatte. Das Foto zeigte ihn mit dem Schauspieler Martin Sheen. Darauf angesprochen erklärte er mir, dass er im Jahr 2010 als Kameramann bei dem Film „The Way" mit Martin Sheen auf dem Jakobsweg gewesen sei und hier in Spanien seine Pension verbringen würde. Er gab zu verstehen, dass ihm das Foto schon viele Gespräche und Einnahmen durch den Verkaufsstand generiert habe.

Bei diesem Stand traf ich auch den holländischen Pilgerfreund Pierre, der gerade allein unterwegs war und ebenfalls eine Pause einlegte. Etwas später tauchten auch die beiden holländischen Pilgerfreunde Marjolein und Andris auf und wir liefen den restlichen Weg nach Pamplona gemeinsam.

Die Stadt ist historisch alt und wir betraten sie durch eine Ziehbrücke, umgeben von einer hohen, alten Stadtmauer. Ich stellte mir vor, wie die Stiere durch die schmalen Gassen jagten und dabei den einen oder anderen Spanier oder Touristen mit ihren spitzen Hörnern in den Hintern stießen. Was für ein absurdes, aber aus der Distanz auch lustiges Brauchtum!

Der erfahrene Holländer führte uns zu einer Herberge, die von außen, wie auch von innen wie eine Kirche aussah. Sie war dementsprechend groß und hatte viele Betten in den Seitengängen. Gegen Abend wurde es darin etwas kalt. Deshalb bat ich die Verantwortlichen, die Heizstrahler an den Wänden einzuschalten, was sie auch taten.

Ich wusch zum ersten Mal meine Kleidung im dortigen Waschraum, welcher mit Waschmaschinen und Tumblern ausgestattet war. Für ein bis zwei Euro ist man normalerweise dabei. Waschmittel sollte man aber selbst mitbringen.

Anschließend gingen wir in eine Bar, um feine Tapas zu essen und am Abend gönnten wir uns ein leckeres Pilgermenü mit Rotwein. Die Pilgermenüs kosteten im Durchschnitt 10 Euro. In der Regel war ½ Liter Rotwein inklusive.

T A G 4

Pamplona – Puente de la Reina, Mittwoch, 20.03.2019, 23,8 km

Die Nacht in der umgebauten Kirche verbrachte ich erstaunlich gut. Es war nicht so kalt wie angenommen, aber das Schnarchen mancher Pilger wurde durch den großen Raum verstärkt. Am Morgen gab es ein kleines Frühstück in einer nahegelegenen Bar und danach lief ich allein los.

Zunächst ging ich durch die Stadt, wo mir die auf dem Boden eingelegten Jakobsmuscheln den Weg zeigten. Außerdem gab es an manchen Wänden oder Straßenrändern gelbe Pfeile. Mit etwas Achtsamkeit fand ich den Weg aus der Stadt und kam wieder aufs Land. Vor mir sah ich einen Berg, der mit zahlreichen Windrädern gespickt war und lief darauf zu. Die Sonne schien und es war angenehm warm. Es ging ein starker Wind, sodass die Windräder genug angetrieben wurden, um sich zu drehen.

Während des Aufstiegs, der mit der Zeit immer steiler wurde, machte ich kurze Pausen, um ein paar Kleiderschichten auszuziehen. Es machte mir große Freude, den Berg zu erklimmen und ich fühlte mich stark, gesund und voller Freude. Unterwegs traf ich auch ein paar Pilgerinnen und Pilger und wir begrüßten uns mit einem Lächeln. Auf dem Hügel betrachtete ich die vielen Windräder auf dem Bergkamm und wie sie sich drehten. Das war ein perfekter Standort für sie. Ich sah auch ein schönes Denkmal und machte ein paar Fotos. Um dem Wind zu entkommen, lief ich jedoch bald weiter und stieg auf der anderen Seite des Berges wieder hinunter.

Der Weg war mit losen Steinen bedeckt und deshalb rutschig. Ich ging vorsichtig und war froh, meine Wanderstöcke dabeizuhaben. Nach dem Abstieg kamen wunderschöne grüne Felder und eine hügelige Landschaft zum Vorschein. Nach etwa 23 Kilometern fingen meine Füße an zu schmerzen und meine Kräfte ließen nach. Ich spürte eine unangenehme Reibung an meinem kleinen rechten Zeh. Da war sie: Die erste Blase! Und das, obwohl ich den Zeh am Morgen mit Tape abgeklebt hatte. Trotzdem konnte ich noch recht gut laufen, bis ich mein Tagesziel Puente la Reina nach 23,8 km erreichte. Die öffentliche Herberge am Eingang des Dorfes war um 13:20 Uhr noch geschlossen, also besichtigte ich das Dorf. In der Nähe befand sich eine Schule und daneben eine alte Kirche, die ich besuchte.

Bisher hatten auf dem Weg nicht viele Kirchen geöffnet, aber diese bot sich glücklicherweise an, um mich darin auszuruhen. Ich genoss die Stille und die positive Energie des Raumes. Um 14:00 Uhr ging ich wieder zur Herberge zurück. Nun waren auch schon andere Pilger dort, die eincheckten. Ich nahm meine Identitätskarte und meinen Pilgerausweis hervor und zeigte sie der Frau von der Herberge. Dafür erhielt ich einen weiteren Stempel in meinem Pilgerausweis und bezahlte 5 Euro für die Übernachtung.

In dieser Herberge waren alle Zimmer belegt. Das hieß, dass in dem kleinen Raum mit zwölf Kajütenbetten auch zwölf Pilger nächtigten. Dies war mit Abstand der kleinste Schlafraum, dem ich auf meinem Weg begegnete. Die Holländer tauchten dieses Mal nicht auf, also ging ich in einen Supermarkt, um mir etwas zu essen zu kaufen. Dieser öffnete erst um 16 Uhr, wie überall in Spanien, da die Siesta galt. Das musste ich öfter feststellen, weshalb es wichtig war, immer etwas Proviant dabeizuhaben, um am täglichen Ziel nicht zu verhungern. Nach dem Einkauf begegnete ich den Holländern doch noch.

Sie informierten mich darüber, dass sie in einer wunderbaren Herberge ganz am Eingang des Dorfes logierten und später das Abendessen dort einnehmen würden. Wir tranken zusammen ein Bier, dann ging ich zurück in meine Herberge, um die zuvor eingekauften Lebensmittel zu essen. Im Aufenthaltsraum begegnete ich einer deutschen Pilgerin namens Mouji. Sie war nett und aufgeschlossen.

In der Küche stand ein 68-jähriger Italiener, der Pasta kochte. Er sagte, ich könne auch etwas davon haben. Er sei den Jakobsweg schon drei Mal gelaufen und diesmal sei er mit seiner Frau, einer Russin, unterwegs. Jetzt erinnerte ich mich an die beiden. Dieses ungleiche Paar hatte ich schon ein paar Mal auf dem Weg angetroffen beziehungsweise überholt, jedoch nie mit ihnen gesprochen. Der Italiener war mit seiner mindestens zehn Jahre jüngeren Frau immer recht gemächlich unterwegs. Er wartete geduldig auf sie und nahm sie bei der Hand, wenn der Weg etwas schwieriger wurde. Das musste für beide eine große Herausforderung gewesen sein. Er war trotz seines Alters durchtrainiert und hätte den Weg wohl in der Hälfte der Zeit bewältigen können. Sie war deutlich jünger, jedoch eher unsportlich, hatte gemachte Lippen und wohl auch andere Körperteile.

Die Gespräche am Abend zeigten jedoch, dass sich die beiden Charaktere sehr gut ergänzten und sie sehr liebevoll miteinander umgingen. Sie wohnten in Kanada. Also noch einmal. Ein Italiener und eine Russin, wohnhaft in Kanada. Eine großartige Kombination, wie ich fand. Der Italiener kochte eine hervorragende Pasta, von der ich zwei Teller aß. Während wir zusammensaßen, erzählte er unterhaltsam von seinen vielen Erlebnissen auf dem Jakobsweg. Die Nacht war dann weniger interessant. Es wurde viel Geschnarcht und ich machte mich früh am Morgen auf den Weg.

Puente de la Reina – Estella, Donnerstag, 21.03.2019,
21,9 km

Beim Morgenessen in der Herberge unterhielt ich mich
mit einer etwa 30-jährigen deutschen Pilgerin, die ich auch
schon auf dem Weg gesehen hatte. Ich erzählte ihr von
meinen Hüftschmerzen und davon, dass ich meinen Rucksack erleichtert hätte. Außerdem spielte ich mit dem Gedanken, meine Turnschuhe zu verschenken, doch sie riet
mir, damit noch abzuwarten. Und so dachte ich, dass es
wohl einen Grund geben musste, weshalb ich mich ausge-
rechnet an diesem Morgen mit ihr unterhalten habe.

Ich bedankte mich für das Gespräch und lief mit meinen
Turnschuhen im Gepäck los. Am Ende von Puente la Reina
entdeckte ich das Wahrzeichen der Stadt. Es war eine wunderschöne Steinbrücke, die einen Fluss überquerte und im
Hintergrund waren die alten Stadtmauern zu sehen. Dieses
Bild ziert manche Pilgerführer. Natürlich führte der Jakobsweg darüber und ich konnte bei aufgehender Sonne
ein paar Fotos machen.

Danach lief ich bei herrlichem Wetter und gemäßigten
Temperaturen weiter Richtung Estella. Laut Reiseführer
kommen an diesem Ort der Jakobsweg und ein anderer
historischer Pilgerweg zusammen. Irgendwann traf ich
wieder auf meine holländischen Pilgerfreunde, mit denen
ich das letzte Stück zusammenlief. Wir erzählten einander
einiges, lachten viel und so legten wir die letzten Kilometer
wie von selbst zurück. Da ich sonst stundenlang allein unterwegs war, taten mir die Gespräche sehr gut.

Auf dem Weg begegnete ich den unterschiedlichsten
Leuten, die jedoch alle das gleiche Ziel hatten. Das schuf
eine unsichtbare Verbindung untereinander. Wir saßen alle

im selben Boot. Oder um es auf den Jakobsweg zu übertragen: Wir liefen alle auf demselben Weg. Unter den Pilgern grüßte man sich mit „Buen Camino" und man lächelte einander freundlich zu. Ein Lächeln gab es fast immer zurück, außer es ging gerade steil bergauf.

Wir unterhielten uns nicht oft über religiöse Themen, sondern vielmehr darüber, welche Schmerzen wir wo verspürten, über Hunger und Durst und wie weit es wohl bis zur nächsten Verpflegungsstätte war. Es waren also alles sehr „weltliche" Themen, die meine Vorstellung vom Jakobsweg etwas zurechtrückten. In Estella angekommen, fanden die Holländer und ich die Herberge Municipal, die günstig und sauber war. Am Abend gab es etwas Feines zu essen und den schon fast obligatorischen halben Liter „Vino Tinto", natürlich pro Person.

Estella – Los Arcos, Freitag, 22.03.2019,
21,4 km

Letzte Nacht konnte ich zum ersten Mal acht Stunden durchschlafen. Das hat sehr gutgetan! Die Sonne schien wieder, es waren etwa 20 °C und es wehte kein Wind. Kurz nach Estella führte der Weg an einem Weingut vorbei. Dort gab es einen wunderschönen Brunnen und es waren zwei Zapfhähne montiert. Einer war für Wasser, der andere für Wein. So etwas hatte ich noch nie gesehen. Ein Brunnen, aus dem Wein fliesst! Einfach genial!

Natürlich musste ich von diesem Wein kosten, also organisierte ich ein Gefäß, aus dem ich trinken konnte. Ansonsten hätte ich mich einfach darunter gelehnt und den Wein in meinen offenen Mund fließen lassen. Dem lustigen Holländer Andris, mit dem ich unterwegs war, mundete der Wein übrigens genauso wie mir. Nach dem feinen Umtrunk ging es etwas bergauf. Die Landschaft war hügelig und wunderschön. Später wurde sie etwas karger und die Sonne brannte mir auf den Hut.

Plötzlich erschien mitten im Nirgendwo ein Anhänger, vor dem Bänke und Tische standen. Eine Bar! Ich bestellte einen Hamburger sowie ein kühles Bier und setzte mich hin. Etwas später traf ein etwas fülliger Neuseeländer ein. Er erzählte, dass er viele Blasen an den Füßen habe, was ihn aber nicht besonders störe und er lachte dabei. Als er meinen leckeren Hamburger sah, bestellte er ebenfalls einen und genehmigte sich ein großes Bier. Dem Barbetreiber schenkte er zum Dank ein kleines Stofftier. Es war das neuseeländische Nationaltier: ein Kiwi. Danach erzählte mir der Neuseeländer, dass er ein paar solcher Vögel auf seiner Reise dabei habe, um sie an freundliche Leute zu verschenken. Ich fand das eine richtig tolle Idee, denn der Barbetreiber freute sich sichtlich über das Geschenk.

Diesem eher „hölzernen", großen, festen Mann hätte ich nicht zugetraut, dass er Leute beschenken würde. Wie so oft täuschte mich der erste, äußere Eindruck einer Person, denn ich durfte sie anschließend bei einem Kennenlernen anders erleben. Mein Gehirn macht beim Erblicken einer Person sofort eine Einschätzung, wie der Charakter dieser Person ist. Beim Kennenlernen veränderte sich dieses Bild oft, meistens zum Guten. Ich finde es eine schlechte Angewohnheit, Menschen nach ihrem Aussehen zu beurteilen. Man kann sich über eine Person wundern oder erstaunen, aber sie nicht gleich (meistens negativ) beurteilen. Ich stellte fest, dass ich dies unbewusst tat und nahm mir vor, diese Eigenschaft zu ändern, indem ich bei den kommenden Begegnungen bewusst darauf achtete.

Die Pause dauerte noch etwas länger, bis meine holländischen Pilgerfreunde auftauchten und sich ebenfalls verpflegten. Danach liefen wir zusammen weiter. Der Hamburger lag mir während der folgenden Kilometer etwas schwer im Magen. Nach acht Kilometern erreichte ich das Städtchen Los Arcos. Der kleine Dorfplatz mit der Kirche war wunderschön und ich trank mit meinen Pilgerfreunden gemütlich ein Bier, während wir die warme Sonne genossen. Später am Abend hatten wir ein feines Abendessen und ich führte mit vielen verschiedenen Pilgerinnen und Pilgern tolle Gespräche, bevor ich um halb zehn Uhr schlafen ging.

TAG 7

Los Arcos – Locronan, Samstag, 23.03.2019,
27,7 km

An diesem Tag bin ich um halb sieben aufgestanden und
habe ein gutes Frühstück zu mir genommen. Danach lief
ich knapp 28 Kilometer bis nach Locrono. Die ersten Kilometer war ich mit den Holländern unterwegs, danach
setzte ich mich ab und lief allein weiter. Ich gönnte mir unterwegs mehrere Pausen und hörte Meditationsmusik und
Coldplay. Das Wetter war immer noch wunderbar, sodass
ich am frühen Nachmittag in der Stadt ankam. Ich wartete
am Stadteingang vor einer großen Brücke im dortigen Park
auf die Holländer. Doch sie kamen nicht.

Also lief ich über die große Brücke und fand anschließend die im Reiseführer beschriebene Herberge. Sie war in
zwei große Räume mit 4er-Kojen unterteilt. Ich teilte mir
die Koje mit einem Spanier, der keine Fremdsprache
sprach, sodass die Unterhaltung freundlich, aber sehr kurz
ausfiel. Nach dem Duschen hörte ich Marjolein, Andris
und Pierre, wie sie sich in ihrer Muttersprache unterhielten. Ich fand es lustig, sie in Holländisch sprechen zu hören. Mit mir unterhielten sie sich freundlicherweise auf
Deutsch.

Somit fanden wir uns wieder, ohne uns vorher abge-
sprochen zu haben. Ich war froh, sie zu hören und freute
mich auf den gemeinsamen Abend mit diesen aufgestellten
Leuten. Zuvor schaute ich mir die Stadt an. Die riesige Kirche in der Mitte der Stadt war imposant und die Fußgän-
gerzone sehr einladend. Es waren viele Menschen unterwegs an diesem Samstag.

Ich setzte mich an eine Bar, trank ein Bier und rauchte
eine Zigarette. Die Bedienung war sehr zuvorkommend.

Bisher hatte ich immer freundliche Begegnungen mit der spanischen Bevölkerung. Sei es von den Angestellten der Bars, die mich bedienten, oder von den Leuten in den Herbergen, die mir ein Bett für die Nacht zur Verfügung stellten. Mit der übrigen Bevölkerung hatte ich keinen Kontakt, da die meisten kein Deutsch oder Englisch und ich kein Spanisch spreche.

Nach dem Abendessen mit Marjolein, Andris und Pierre teilten die beiden älteren Männer mit, dass sie den Jakobsweg beenden und am nächsten Tag nach Hause fahren würden. Dies kam für die Holländerin und mich völlig überraschend, weshalb wir sie nach dem Grund fragten. Sie erklärten uns, dass sie die Reise sehr spontan begonnen hätten und sie ihre Frauen zu Hause vermissen würden. Marjolein und ich fanden es sehr schade, da wir uns sehr an sie gewöhnt hatten. Die beiden waren Frohnaturen und es war immer lustig mit ihnen. Deshalb mochten wir sie sehr.

Uns blieb nichts weiter übrig, als uns für die gemeinsame Zeit zu bedanken und ihnen eine gute Heimfahrt zu wünschen. Apropos Freunde: Ich hatte übrigens jeden Tag Kontakt mit meiner damaligen Freundin. Außerdem war ich mit meiner Familie und Freunden in Kontakt. Das hat mir sehr gutgetan, da ich ja oft allein unterwegs war. Nun, da sich die beiden Pilgerfreunde aus Holland verabschiedeten, war ich wieder etwas mehr allein. Aber ich bin den Weg ja für mich gelaufen und hatte nicht die Absicht, ihn ständig mit anderen zu teilen und die ganze Zeit mit quatschen zu verbringen.

Meine Absicht war es, Gott näherzukommen und das hätte ich meiner Ansicht nach nicht erreicht, wenn ich mich ständig hätte ablenken lassen. Daher wollte ich Zeit für mich haben und ganz bei mir sein. Dennoch war Gott auch dort, wo ich mich mit anderen Menschen austauschte, lachte und glücklich war. Dies habe ich immer öfters gespürt.

<h1 style="text-align:center">T A G 8</h1>

Locronan – Nájera, Sonntag, 24.03.2019,
28,3 km

Nach einer ruhigen Nacht ging ich mit Marjolein frühstücken. Wir unterhielten uns über unsere beiden Pilgerfreunde, die uns heute Morgen verlassen hatten und stellten uns vor, wie sie mit dem Zug nach Hause fuhren. Es
war schon etwas komisch. Der Weg konnte so schnell zu
Ende sein oder unterbrochen werden. Man gewöhnte sich
an Menschen und plötzlich waren sie nicht mehr da.

Es war wie im Leben. Nichts hat Bestand, nur die Verän-
derung. Aus diesem Grund ist es wichtig, die schönen Mo-
mente in vollen Zügen zu genießen und dafür dankbar zu
sein. Nicht wie die Holländer hatte ich das feste Ziel, zu
Fuß nach Santiago de Compostela zu gelangen und das in
einer mehr oder weniger festgelegten Zeit. Nach dem
Frühstück liefen wir zusammen los. Laut dem Reiseführer
hatte ich die Wahl zwischen einer Tagesetappe von 20 oder
30 Kilometern.

Nach etwa einer halben Stunde setzte ich mich von Marjolein ab. Es wurde richtig warm an diesem Tag und der Weg
bot kaum Schatten. Das Laufen ging jedoch gut, sodass ich
mich entschloss, die 30 Kilometer zu gehen. Nach etwa 22
Kilometern fingen meine Füße an zu schmerzen. Auch
meine Achillessehne war entzündet und schmerzte wie am
Vortag. Somit waren die letzten Kilometer des Tages etwas
mühsam. Ich konnte die Schmerzen jedoch mit anderen
Gedanken oder Musikhören gut ausblenden.

Für mich waren zu diesem Zeitpunkt 30 Kilometer an einem Tag die oberste Grenze. Ich kam recht früh in Nájera
an. In dem kleinen Städtchen befand sich eine schöne Brücke und auf der anderen Seite lag meine angesteuerte

Herberge. Sie war wunderbar eingerichtet und die Zimmer hatten Kajütenbetten, die jedoch einladend waren. Ich duschte ausgiebig und ging ein bisschen nach draußen.

Etwas später traf ich Marjolein und wir aßen zusammen zu Abend. Die Holländerin erzählte mir, dass sie sich vor kurzem von ihrem italienischen Freund getrennt habe und den Jakobsweg mache, um die Beziehung zu verarbeiten. Sie habe einen Brief an ihren Ex-Freund dabei, den sie ihm irgendwann schicken werde, wenn sie dazu bereit sei. Ich sagte zu ihr, dass sie den Brief lieber heute als morgen losschicken solle, um die „Last" nicht noch länger mit sich herumzutragen. Loslassen war mein Zauberwort, doch Marjolein war noch nicht bereit dazu.

TAG 9

Nájera – Grañón, Montag, 25.03.2019,
29,4 km

Ein Husten plagte mich seit einigen Tagen und deshalb
habe ich irgendwo eine Packung Lutschtabletten gekauft.
Der Husten war hartnäckig und ich musste darauf achten,
mich abends warm anzuziehen. Nachdem die Sonne unterging, wurde es immer etwas kühl. Ich schlief sehr gut in
der feudalen Herberge, natürlich mit den inzwischen zum
Standard gehörenden weichen Ohrstöpsel. Als ich um 7
Uhr aufgestanden bin, waren die meisten Pilger schon weg
und ich hatte genügend Platz, um meine Sachen zu packen. Marjolein übernachtete in einer anderen Herberge
und wartete draußen auf mich, um mit mir zusammen zu
frühstücken. Wir liefen los und fanden gleich in der Nähe
eine gemütliche Bar. Wie immer gönnte ich mir einen Café
con Leche und ein Süßgebäck.

Auf dem Weg verabschiedete mich früh von Marjolein,
denn es ging gleich etwas bergauf und wir hatten nicht das
gleiche Lauftempo. Es waren viele Pilger unterwegs. Einige hatten keinen Rucksack dabei. Ich erfuhr, dass man
seinen Rucksack von Herberge zu Herberge schicken
konnte. Ein Transportservice auf dem Jakobsweg – damit
es nicht allzu streng war. So hatte ich mir das Pilgern zwar
nicht vorgestellt, aber ich verstand auch, dass es ältere
Menschen gab, die nicht mehr so fit waren und trotzdem
den Weg gehen wollten. Für sie war das eine immense Erleichterung.

Nach sechs Kilometern kam die erste Bar, in der ich einen Kaffee trank. Danach lief ich 15 Kilometer weiter, ohne
eine Pause einzulegen. Ich war ganz in meinem Element

mit meiner Meditationsmusik in den Ohren und fühlte mich sehr kräftig und geerdet.

In der Stadt Santo Domingo traf ich auf drei deutsche Pilger, von denen mich zwei in Zukunft noch eine Weile begleiten würden. Doch das wusste ich zu diesem Zeitpunkt noch nicht. Nach einem kurzen Gespräch im Stehen verabschiedete ich mich mit den üblichen Worten „Buen Camino" und ging wieder meines Weges. Ich kam auf einen Platz mit einer großen Kathedrale, die leider geschlossen war. Auf der anderen Seite des Platzes befand sich jedoch eine kleine Kirche, deren Tür offenstand. Endlich konnte ich mich ausruhen und das sogar in einer Kirche. Ich genoss die Stille und spürte die gute Energie, die von ihr ausging. Ich sprach ein Gebet und ging wieder nach draußen. Ich verspürte leichten Hunger und machte mich auf die Suche nach einer Bar.

Bisher hatte ich immer eine gefunden, wenn ich eine brauchte. So auch dieses Mal. Sie lag etwas am Stadtrand und war schlicht. Aber der Kaffee und das Gebäck waren sehr lecker. Während ich dort saß, kam ein Engländer herein, setzte sich zu mir und wir unterhielten uns. Er erzählte mir, dass er den Camino in drei Etappen machen würde, da er nicht so lange am Stück von der Arbeit frei nehmen könne. Er sagte, dass er immer etwa zwei Wochen unterwegs sei, dann nach Hause gehe und seinen Weg zu einem späteren Zeitpunkt fortsetze. Nach dem netten Gespräch verabschiedete ich mich von ihm und zog weiter.

Ich hatte vor, noch neun Kilometer bis zum kleinen Ort Grañón zu laufen. Bis zu diesem Zeitpunkt hatte ich schon 22 Kilometer zurückgelegt, doch ich war noch motiviert, ein paar Kilometer weiterzugehen. In Grañón fand ich eine kleine Herberge für 10 Euro und wusch meine Kleider für 3 Euro.

In der Herberge waren auch drei ältere Spanier denen ich ab und zu auf meinem Weg begegnete. Sie fielen mir auf, da sie ohne Rucksack unterwegs waren. Sie grüßten mich immer freundlich, wenn wir uns auf dem Weg begegneten, aber wir unterhielten uns weder auf dem Weg noch in der Herberge. Vielleicht konnten sie kein Englisch oder wollten einfach unter sich bleiben. Ich werde es nie herausfinden. Im kleinen Städtchen gab es zwei Bars, die sich direkt nebeneinander befanden.

Vor der einen saßen ein paar Dorfbewohner, vor der anderen zwei Pilgerinnen. Ich fragte die Beiden, ob ich mich zu ihnen setzen dürfte, und wir begannen ein Gespräch. Die jüngere Pilgerin war um die 20 Jahre alt, die andere um die 50. Beide stammten aus Deutschland. Als ich sie so anschaute, bemerkte ich, dass wir uns bereits in Santo Domingo kurz getroffen hatten. Nach zwei leckeren einheimischen Bieren aßen wir in der Bar eine leckere Pizza. In der Bar waren auch ein paar ältere Männer aus dem Dorf, die plötzlich begannen ein Lied anzustimmen. Mir gefiel die Ausgelassenheit der Männer und ich spürte ihre Lebensfreude. Es war großartig, dass mitzuerleben und wir klatschten freudig im Takt der Musik.

Gegen neun Uhr verabschiedeten wir uns. Die beiden Frauen übernachteten in einer anderen Herberge, die sich in der Kirche gleich beim Dorfplatz befand. Die Schlafräume würden sich auf dem Dachboden der Kirche befinden. Weiter erzählten sie mir, dass die Herberge von Priestern geführt werde und sie kostenlos sei. Es gehöre sich aber, eine Spende zu hinterlassen.

Ich war zufrieden mit meiner Herberge. Sie war schön sauber und ich hatte sogar etwas Privatsphäre, denn ich schlief allein in einem Vierbettzimmer.

TAG 10

Grañón – Villafranca Montes de Oca, Dienstag,
26.03.2019,
25,7 km

Ich hatte gut geschlafen, trotz gelegentlichem Husten.
Am Morgen gab es in der Herberge ein reichhaltiges Frühstück und meine Kleider, die ich nach dem Waschen im
kleinen Innenhof aufgehängt hatte, waren trocken. Nachdem ich das Dorf hinter mir gelassen hatte, traf ich kurz
danach auf Mladen. Ich ging ein Stück mit ihm und er war
sehr gesprächig. Er erzählte mir, dass er aus Bosnien
komme und für die UNO arbeiten würde. Mladen sprach
sehr gut Deutsch und erzählte mir seine halbe Lebensgeschichte.

Er sei ein Kriegsveteran aus dem Jugoslawien-Krieg und
seine Geschichten drehten sich oft um Ungerechtigkeiten
und Kriege dieser Welt. Ich hatte den Eindruck, dass seine
Seele sehr gelitten haben muss und dies auch heute noch
tat. Wir hatten aber auch erbauliche Gespräche über Gott.
Mladen war sehr gläubig. Als Bosnier war er natürlich in
Medugorie. Er freute sich, als ich ihm erzählte, dass meine
Mutter diesen Wallfahrtsort ebenfalls schon mehrmals besucht hatte. Daraufhin erzählte Mladen mir, dass er in der
Schweiz beim heiligen Niklaus von Flüe (Bruder Klaus) in
Flüeli Ranft gewesen sei und rezitierte das Gebet „Mein
Herr und mein Gott".

Das ist das Gebet von Bruder Klaus und es war auch
mein persönliches Gebet auf diesem Weg. Mich ergriff die
Tatsache sehr, dass er dieses Gebet ebenfalls kannte. Er,
der von so weit her kam und trotzdem Bruder Klaus
kannte.

Ich möchte dir dieses Gebet nicht vorenthalten:

Mein Herr und mein Gott, nimm alles von mir, was mich hindert zu Dir!

Mein Herr und mein Gott, gib alles mir, was mich fördert zu Dir!

Mein Herr und mein Gott, nimm mich mir und gib mich ganz zu eigen Dir!

Die Zeit verging und wir liefen immer weiter. Nach etwa 15 Kilometern verabschiedeten wir uns nach einem Imbiss in einer Bar. Mladen hatte an diesem Tag genug, denn die Schmerzen wegen der vielen Blasen an seinen Füßen waren für ihn fast unerträglich geworden.

Wir verabschiedeten uns und wünschten einander alles Gute für den weiteren Weg. Dieser führte danach oft auf Kiesstraßen entlang der Hauptstraße, die von unzähligen Lastwagen befahren wurde. Aber die Landschaft war schön, das Wetter auch und so störte mich der Verkehr wenig. Nach insgesamt 28 Kilometern kam ich in der schönen Herberge an. Meine Füße schmerzten wieder recht stark.

„Morgen muss ich mal etwas kürzertreten!" sagte ich zu mir selbst. Eigentlich war die Herberge ein Hotel, zu dem ein separater Anbau für die Pilger gehörte. Im Anbau hatte es einen großen Schlafraum, aber durch halbhohe Wände war jedes Bett voneinander abgetrennt, sodass man etwas Privatsphäre hatte. Das gab es selten. Zudem hatte es einmal keine Kajütenbetten. Diese waren in den Herbergen sehr verbreitet.

In der Herberge traf ich wieder auf den deutschen Pilger. Ihn hatte ich einen Tag vorher kurz getroffen. Er hieß Frank, war Ende 50, stämmig, schlank, mit grauem Schnauzbart und langen grauen Haaren.

Wir rauchten zusammen eine Zigarette und unterhielten uns ein wenig. „Ein netter Typ, dieser Frank", dachte ich für mich. Das Hotel beziehungsweise die Herberge, in der ich logierte, stammte aus dem Jahr 1370 und befand sich im winzigen Ort Villafranca Montes de Orca. Das Hotel gefiel mir sehr gut, denn es war mit Gegenständen aus der Ritterzeit ausgestattet.

Am Abend fand das Pilgeressen im Rittersaal statt. Das war schon sehr speziell. Der Saal war groß und hoch. An den Wänden hingen alte Gemälde und große Leuchter zierten die Holzdecke. Ich stellte mir vor, wie die Kreuzritter vor ein paar hundert Jahren in diesem Raum gespiesen haben. Das fand ich sehr eindrücklich. Zu mir gesellte sich die etwa 50-jährige Deutsche, die ich ebenfalls schon einen Tag zuvor kurz getroffen hatte. Sie hieß Katja und war von Beruf Hebamme. Sie schien mir sehr zurückhaltend, fast schon schüchtern, weshalb sich das Gespräch in Grenzen hielt. Das Essen war jedoch sehr lecker und natürlich gab es auch eine Flasche feinen Wein dazu. Nachdem ich meine Füße wie jeden Abend mit Voltaren eingerieben hatte, schlief ich dank dem Wein und die gelaufenen Kilometer wunderbar.

TAG 11

Villafranca Montes de Oca – Cardeñuela de Riopico,
Mittwoch, 27.03.2019,
26 km

Um 6:30 Uhr sprangen fast alle gleichzeitig aus dem
Bett, packten hastig ihre Sachen zusammen und liefen los.
Ich jedoch wollte noch frühstücken und blieb deshalb liegen. In der schön eingerichteten Bar gab es einen feinen
Kaffee, einen frisch gepressten Orangensaft und ein Süßgebäck. Ich unterhielt mich mit dem Barkeeper über Photo-
voltaikanlagen in Spanien. Da mich das Thema interessierte, fragte ich ihn, warum es auf den Dächern in Spanien
so wenige davon gab. Er sagte mir, dass Solaranlagen aufgrund der komplizierten Gesetze in Spanien leider selten
gebaut würden. Das fanden wir beide sehr schade. Denn
Spanien wäre dank der vielen Sonne sehr gut für Solar-
strom geeignet.

Nach dem Gespräch und dem leckeren Frühstück lief ich
gestärkt los. Die ersten 12,5 Kilometer lief ich, ohne ein
Haus zu sehen durch den Wald oder auf einer breiten,
nicht asphaltierten Strasse. Meine Füße schmerzten schon
früh, was nicht gerade motivierend war. Aber ich hörte
viel Musik und so ging es gut.

An diesem Tag hatte ich nicht viele Pilger getroffen, außer die drei älteren Spanier aus der Herberge in Grañón,
die wieder ohne Rucksack unterwegs waren. Wir winkten
einander einmal mehr freundlich zu. Der Weg führte durch
Atapuerca, wo bei Ausgrabungen der älteste europäische
Mensch gefunden wurde.

Die Ausgrabungsstätte konnte man besichtigen, aber sie
interessierte mich nicht besonders. Bisher hatte bzw. nahm

ich mir nicht viel Zeit, um mir Dinge anzuschauen. Außer, wenn sie direkt auf dem Weg waren.

Ich war heute noch kurz in einer Kirche, um mich auszuruhen und die Stille zu genießen. Dann habe ich in zwei Bars auf dem Weg noch einen Kaffee getrunken und mir Pilgerstempel abgeholt. Die Stempel gab es bisher in jeder Bar, wenn ich danach gefragt habe.

Ich hatte heute eine neue Erkenntnis: Der Mensch ist kein Einzelgänger! Ich wollte den Camino für mich allein laufen. Ganz bei mir sein. Das gelang mir während des Laufens bisher sehr gut. Doch danach hatte ich meistens gerne Kontakt zu anderen Menschen. Ich freute mich drüber, mit ihnen zu sein und mich mit ihnen auszutauschen. Dass sich Menschen untereinander austauschen möchten, konnte ich auch bei den anderen Pilgerinnen und Pilgern sehr gut erkennen. Die meisten waren allein unterwegs und schätzten am Abend den Kontakt zu anderen. Durch dieses gemeinsame Bedürfnis entstanden leichter Gespräche.

Ich hatte einen sehr schönen Abend mit den anderen Pilgern verbracht. Es fühlte sich an, als wäre ich Teil einer Familie. Wir gingen den gleichen Weg und machten das Gleiche durch. Ich kam gut in Cardeñuela de Riopico an. Gute Nacht, wünschte ich den anderen und mir selbst.

TAG 12

Cardeñuela de Riopico – Tardajos, Donnerstag,
28.03.2019,
31,7 km

Guten Morgen, wünschte ich den anderen und mir
selbst. Ich hatte gut geschlafen, obwohl im Schlafsaal wieder viel geschnarcht wurde. Nicht nur die Männer, sondern auch die Frauen beherrschen das Schnarchen vorzüg-
lich.

Nach einem feinen Kaffee und einem Stück Kuchen lief
ich los. Zunächst ging es durch ein Dorf und anschließend
durch das Industriegebiet von Burgos. Wie du dir vorstellen kannst, war das nicht so schön. Die trostlose Strecke
zog sich etwa elf Kilometer schnurgerade hin. Ich war
heute das erste Mal mit meinen Nike-Turnschuhen gelaufen, aber meine Füße brannten trotzdem schon wieder
früh. Außerdem fing eine Zehe am rechten Fuß an zu
schmerzen. Unterwegs traf ich in Burgos zufällig den deutschen Seefahrer Frank und wir schauten uns gemeinsam
die gewaltige Kirche an. Anschließend tranken wir zusammen einen Kaffee, rauchten eine Zigarette und liefen weiter.

Bei Kilometer 25 war ich sehr froh, Pause zu machen. Ich
konnte vor Schmerzen kaum noch laufen. Auch die anderen Zehen schmerzten, weshalb ich sie alle mit Tape ver-
klebte. Frank begleitete mich ein ganzes Stück auf dem
Weg und lenkte mich mit Gesprächen so gut es ging ab. Er
war sehr fürsorglich und ich bedankte mich bei ihm. Irgendwann ließ ich ihn weiterlaufen und kam allein in
Tardajos an, wo ich eine schicke Herberge mit einer Bar
fand.

Das Zimmer war sehr sauber und ordentlich. Es machte eher den Eindruck eines einfachen Hotels als den einer Pilgerherberge. Etwas später kam ein älterer Mann in mein Vierbettzimmer und schon kurze Zeit später unterhielten wir uns. Jan erzählte mir, dass er in Südafrika leben würde.

Der etwa 70-Jährige war groß und schlank, hatte helle Haare und blaue Augen. Seine einige Jahre jüngere Frau sei nicht begeistert gewesen, als er ihr gesagt habe, dass er allein auf den Jakobsweg gehen wolle. Sie habe manchmal Depressionen und sie habe sogar schon damit gedroht, sich umzubringen, wenn er sie verlassen würde.

Plötzlich fing er an zu weinen und ich stand ihm bei. Als er sich wieder etwas gefasst hatte, wischte er sich die Tränen aus den Augen und sagte, dass er trotzdem auf den Jakobsweg gegangen sei. Er habe den Weg jetzt machen müssen, sonst hätte er ihn nie mehr in seinem Leben gemacht. Jetzt, da er auf dem Weg sei, spürte er eine große Erleichterung und Befreiung. Es sei, als wäre ihm eine große und schwere Last von den Schultern gefallen.

Diese Gefühle hatte ich ebenfalls schon oft auf diesem Weg. Ich konnte alles zurücklassen und fühlte mich so frei wie seit Ewigkeiten nicht mehr. Sorgen und Ängste loszulassen und sich nur auf das Hier und Jetzt zu konzentrieren, war eine weitere wichtige Erfahrung und damit große Erkenntnis, die ich auf dem Weg gewann.

Wir nahmen zusammen das Pilgermenü ein und unterhielten uns weiter. Danach machte mir Jan ein Angebot, das mir noch nie ein Mann gemacht hatte. Er bot mir an, meine Füße zu massieren. Jan erzählte mir, dass ihm seine Tochter ein feines Pflegeöl mitgegeben habe, das meinen strapazierten Füßen sicher guttun würde. Und tatsächlich fühlte sich seine Fußmassage mit dem fein duftenden Öl sehr wohltuend und heilend an. Ich werde dieses wunderbare Geschenk von diesem großartigen Mann nie vergessen. Danke, Jan!

Tardajos – Castrojeriz, Freitag, 29.03.2019,
31,7 km

Ich hatte sehr gut geschlafen und lief um 8 Uhr los. Es
war wunderbar, an diesem schönen Morgen ganz allein zu
sein und die schöne Begegnung mit Jan wirkte noch nach.

Ein Dorf weiter habe ich in einer schicken Bar gefrüh-
stückt. Der Barbesitzer schenkte mir einen winzigen Ma-
donna-Anhänger, den ich gleich an den Rucksack band.
Außerdem bekam ich von ihm noch einen Stempel in mein
Pilgerbüchlein. Danach lief ich weiter. Der Weg führte über
eine ebene Fläche und war sehr gerade. Es war so schön.

Nur mein Zeh am rechten Fuß schmerzte noch. Irgendwann wechselte ich die Einlegesohle. Die vom Turnschuh
kam hinein, sodass der Zeh mehr Platz im Schuh hatte. Danach lief es sich viel besser! Nach 20 Kilometern ging es
mir so gut, dass ich mich entschloss, weitere 11 Kilometer
zu laufen. Es war wunderschön, diesen Weg zu laufen. Ich
konnte es vollkommen genießen.

In Castojeriz, am Ende der Etappe, begegnete ich wieder
dem deutschen Seefahrer Frank. Wir liefen zusammen zur
öffentlichen Herberge. Diese war nicht so luxuriös wie die
letzte, dafür kostete sie nur 5 Euro. Sie besaß einen großen
Schlafsaal mit etwa 30 Kajütenbetten und einen abgetrenn-
ten Raum mit Duschen und WCs. Es war alles alt und ein
bisschen heruntergekommen.

Ich sagte mir, dass ich lieber 10 Euro für eine gute Herberge bezahlte, in der es dann wirklich gemütlich und sauber war. Aber für Pilger, die nicht so gut bei Kasse waren,
taten es die „staatlichen" Herbergen (Municipale) natürlich
auch.

Die Hebamme Katrin, der Seefahrer Frank und ich gingen am Nachmittag ein bisschen shoppen. Da war ein kleiner Laden in der Nähe der Herberge. Meine beiden Begleiter kauften etwas Kleines und ich versuchte, meine Fußprobleme mit ein paar neuen Socken zu beheben (was leider nicht funktionierte). Der alte Besitzer des Geschäfts freute sich jedoch sehr, dass er wieder einmal etwas Umsatz gemacht hatte, und wir freuten uns für ihn.

Als wir in die Herberge zurückkamen, gaben die anderen Pilger mir zu verstehen, dass im Bett über mir eine seltsame Person schlafen würde und ich meine Wertsachen gut aufbewahren solle. Es handelte sich um eine obdachlose junge Frau. Der Verantwortliche ließ sich wohl überreden, sie für eine Nacht in der Herberge schlafen zu lassen. Jedenfalls war sie am Morgen verschwunden und ich hatte meine Sachen noch. Es war jedoch etwas komisch, so einzuschlafen, da ich auf dem Weg bisher noch nie einen Gedanken an Diebstahl verschwendet hatte. Okay, das war nicht ganz ehrlich. Meine Wertsachen schliefen immer mit mir im Schlafsack.

TAG 14

Castrojeriz – Frómista, Samstag, 30.03.2019,
27,4 km

Als ich aufstand, trank ich noch einen Kaffee in der Herberge. Frank der Seefahrer spendierte ihn mir. Ich verabschiedete mich von der schwarzen Herbergskatze, die ich gestern schon kennenlernen und streicheln durfte. Der Himmel war etwas bewölkt, aber ich sah trotzdem, wie die Sonne langsam am Horizont aufstieg. Auf meiner linken Seite konnte ich die weit entfernten Hügel mit den vielen Windrädern erkennen, die sich gemächlich im Wind drehten.

Ein starkes Gefühl der Freiheit überkam mich und ich lief motiviert in den Tag. Kurz nach dem Übernachtungsort schlängelte sich der Weg hinauf zu einem Plateau, von wo aus ich die wundervolle Weite des Landes sah. Dieser Anblick war atemberaubend. Nach etwa zehn Kilometern machte ich die erste Pause in einer Bar. Dort sprach mich ein älterer Pilger an. Er erzählte mir, dass er Portugiese sei und seit Jahren auf dem dem Jakobsweg unterwegs sei. Manchmal laufe er Richtung Santiago de Compostela und manchmal „zurück" (wo auch immer das war). So, wie er aussah, musste das wohl stimmen. Er hatte einen langen Bart, etwas abgetragene Kleidung und einen kleinen Rucksack dabei. Er fragte mich nach etwas Geld und ich gab ihm ein paar Münzen für seine unendliche Reise ohne Ziel mit auf den Weg.

Kaum war ich wieder unterwegs, fing mein altes Problem an. Meine Füße fingen wieder an zu schmerzen. Es wurde immer schlimmer und ich probierte alles Mögliche aus. Neben den allgemeinen Fußschmerzen ließ auch mein

Problemzeh am rechten Fuß nicht locker. Ich wechselte die Schuheinlagen und die Socken.

Bei den Schuheinlagen schnitt ich vorne sogar einen Teil ab, um dem Zeh mehr Platz zu lassen. Aber es nützte nichts. Der Zeh schmerzte bei jedem Schritt. Nach ein paar weiteren Kilometern brannten meine Füße so sehr, dass ich kaum noch gehen konnte. Ich lief an einem Wasserkanal entlang und machte an einem Bootssteg Pause. Dort rauchte ich eine Zigarette und trank etwas Wasser. Danach humpelte ich am Kanal entlang weiter. Ein junger Mann und seine Freundin fuhren auf ihren Fahrrädern vorbei. Er lachte und feuerte mich an. Das war wohl eher sarkastisch gemeint, weshalb ich ihm gedanklich ein Fluchwort hinterherschickte.

Zu diesem Zeitpunkt beschloss ich, beim nächstgelegenen Geschäft neue Schuhe zu kaufen. Meine waren zu hart und zu klein, weshalb mein liebster rechter Zeh immer am Schuh rieb. Dadurch entzündete sich der Zehennagel. So machte es keinen Spaß mehr, den Jakobsweg zu laufen. Aber das Leiden gehört auf solch einem langen Weg dazu wie das Pilgermenü mit dem obligatorischen Wein. Ich hoffte fest, dass es morgen besser werden würde, denn sonst würde der weitere Weg eine einzige Tortur werden.

Aber am Anfang des Weges hatte ich schon einmal große Schmerzen und plötzlich wurde es wieder besser. Also blieb ich optimistisch. Ich musste mir eingestehen, dass ich zu wenig Pausen gemacht und zu schnell gelaufen war. Von Beginn meiner Reise bis zum heutigen Tag hatte ich so viele Pilgerinnen und Pilger überholt und kam deshalb meist schon früh am Nachmittag in den Herbergen an. Ein paar Pausen mehr hätten mir gutgetan. Etwas langsamer zu laufen, wäre für meine Füße sicher auch angenehmer gewesen.

Kurze Zeit später kam mir auf dem Wasserkanal ein Ausflugsboot mit vielen schick gekleideten Leuten entgegen. Sie waren sichtlich entspannt und genossen die Fahrt an der warmen Sonne. Der staubige Weg führte über den Kanal in die nächste Kleinstadt namens Frómista.

Dort war mein Ziel für heute. Ich schleppte mich mit letzter Kraft zu einer versteckten Herberge in einer Häuserreihe. Auf der anderen Straßenseite befand sich eine schöne Kirche. Der Herbergsvater begrüßte gerade ein paar Pilger vor mir und wenig später war ich an der Reihe. „Endlich mal nicht der Erste!" dachte ich schmunzelnd. Ich bezahlte ihm den Obolus für eine Nacht und schleppte mich eine Etage höher in die großzügigen Schlafräume. Die Pilger, die vor mir ankamen – ein paar Frauen und Männer – liefen ein Zimmer weiter und ich machte es mir in einem leeren Zimmer bequem. Die lange, heiße Dusche war wunderbar. Das war meine tägliche Wellnesszeit.

Danach fühlte ich mich schon wieder besser und machte mich auf die Suche nach etwas zu essen. Das war nicht so einfach, da wie bereits erwähnt viele Geschäfte in Spanien Siesta hatten. Ich fand jedoch eine kleine Bäckerei hinter der Kirche, die geöffnet hatte. Dank Google Maps und WLAN in den meisten Herbergen musste ich auf der Suche nach Nahrung jeweils nur wenige, zusätzliche Kilometer laufen.

Nach dem Besuch in der Bäckerei trank ich draußen vor einer Bar ein Bier. Als ich wieder in der Herberge war, bemerkte ich, dass Frank, der Seemann und Katja, die Hebamme, ebenfalls eingecheckt hatten. Wir beschlossen, das Abendessen selbst zu kochen. Frank und ich gingen deshalb ein Lebensmittelgeschäft suchen und fanden eines nicht allzu weit entfernt. Das Geschäft war sehr klein, hatte aber alles zu bieten, was wir suchten. Der lokale Rotwein war in dieser Gegend sehr günstig. Wir bezahlten 5 Euro für einen ausgezeichneten Faustino.

Während des Kochens erzählte Frank, dass er als Seefahrer oft in der Küche gestanden habe, da er von allen Seeleuten am besten kochen konnte. Seine Aussage bestätigte sich, denn das Essen war ausgezeichnet! Wie immer gingen wir früh schlafen.

TAG 15

Frómista – Carrión de los Condes, Sonntag, 31.03.2019, 23,3 km

Heute war eine kurze Etappe angesagt. Etwa 23 Kilometer lagen vor mir, denn für den nächsten Tag war eine lange Strecke von 17 Kilometern ohne irgendeine Ortschaft oder Haus geplant. Es machte also Sinn, ein paar Tage voraus die Strecken zu planen. Als ich loslief, waren meine beiden deutschen Gefährten schon weg, aber ich wusste, dass ich sie irgendwo auf dem Weg wieder treffen würde.

Tatsächlich hatte ich sie bald eingeholt und wir legten auf dem weiteren Weg ein paar längere Pausen ein, bis ich wieder weiterzog. In Carrión de los Condes angekommen, ging ich in ein Kloster mit einer Herberge übernachten. Beim Eingang musste ich zweimal klingeln, bis mir nach einiger Wartezeit eine ältere Klosterfrau die Tür öffnete.

Ich musste dringend pinkeln, aber das wusste sie natürlich nicht. Und wie sich herausstellte, sprach die Klosterfrau kein Wort Englisch oder Deutsch. Wir verständigten uns deshalb mit Nicken, Kopfschütteln und Zeichensprache. Somit war es schwierig mein dringendes Bedürfnis kundzutun. Zunächst führte sie mich in einen Raum, in dem sie sehr gemächlich die Schriftlichkeiten erledigte. Sie schrieb meinen Namen in ein Buch, ich bezahlte ihr zehn Euro und erhielt dafür einen weiteren Stempel in meinem Pilgerpass. Nach dem Anmeldeprozess führte sie mich gemächlich in den Schlafsaal und wies mir ein Bett zu. Das ganze Prozedere dauerte eine gefühlte Ewigkeit, doch danach konnte ich endlich mein kleines Geschäft erledigen. Was für eine Erleichterung!

Die Herberge war groß und verfügte über mehrere Schlafsäle mit jeweils etwa 15 Betten. Es gab keine

Kajütenbetten, was ich als Vorteil empfand. Wenn es Kajütenbetten gab, schlief ich immer unten, sofern ich die Wahl hatte. Nach einem Tag Laufen war ich jeweils froh, nicht noch klettern zu müssen, um in das obere Bett zu gelangen. Es gab in der Herberge einen großzügigen Nassbereich und eine Waschküche mit einer vollautomatischen Waschmaschine. Ein Waschgang kostete 3,50 Euro und das Waschmittel wurde automatisch hinzugefügt. Perfekt! Da es ein sonniger Tag war, hängte ich die Wäsche draußen im Innenhof des Klosters auf und sparte mir die weiteren 3,50 Euro für den Trockner. Alles in der Herberge war perfekt sauber.

Meine deutschen Freunde kamen etwas später an und wurden in einem Schlafsaal nebenan einquartiert. Ich nahm spontan meine Sachen und wechselte das Bett zu „ihrem" Schlafsaal. Wir aßen in einem nahegelegenen Restaurant das Pilgermenü, das sehr gut schmeckte. Als wir ins Kloster zurückkamen und ich bereits im Bett lag, gab es um 21 Uhr eine Kontrolle durch die Schwestern. Sie waren zu dritt unterwegs und kontrollierten jeden Schlafsaal. Bei jedem Bett blieben sie kurz stehen und fragten die Person darin nach ihrem Namen. Als die drei Schwestern bei meinem Bett ankamen, runzelten sie die Stirn und sprachen mich auf Spanisch an. Ich konnte zwar kein Spanisch, doch ich bemerkte sofort, dass etwas nicht stimmte. Irgendwann wurde mir klar, dass ich wohl im falschen Bett lag, was die Schwestern überhaupt nicht lustig fanden. Durch meine spontane Aktion das Zimmer zu wechseln, wurde ihre Liste durcheinandergebracht! Ich versuchte, mich zu entschuldigen und schon liefen die Schwestern leicht verärgert und kopfschüttelnd aus dem Schlafsaal.

Als sie draußen waren, konnten wir uns ein Schmunzeln nicht verkneifen. Die Situation war lustig, aber ich verstand auch die Schwestern. Ich hatte durch meine Aktion ihren fein säuberlich geführten Bettenplan durcheinandergebracht.

Außerdem gab es in einem Kloster Regeln die zu befolgen waren! Nach diesem Schauspiel trat Marjolein in den Schlafsaal. Das war eine Überraschung! Ich hatte nicht damit gerechnet, der sympathischen Holländerin auf meinem Weg noch einmal zu begegnen. Wir hatten uns etwa eine Woche nicht gesehen und ein paar Tage vorher noch miteinander geschrieben. Sie lief immer etwa zwei Etappen hinter mir. Wie sie nun so einen Spurt hingelegt hatte, war mir nicht klar, aber jetzt konnte ich sie ja fragen. Ich freute mich sehr und wir begrüßten uns herzlich.

Dann erzählte sie mir, dass sie krank geworden sei und medizinische Hilfe benötigt habe. Sie habe sogar Antibiotika nehmen müssen, aber zum Glück sei es ihr bald wieder besser gegangen. Und so holte sie jeden Tag ein paar Kilometer zu mir auf. Wir feierten unser Wiedersehen mit einer Zigarette und gingen dann schlafen. Natürlich separat.

TAG 16

Carrión de los Condes – Moratinos, Montag, 01.04.2019, 30,3 km

Um 6:40 Uhr klingelte der Wecker meines Mobiltelefons, damit ich mich möglichst früh auf die 17 Kilometer lange Strecke ohne Verpflegungsmöglichkeiten machen konnte. Marjolein und die anderen Pilgerinnen und Pilger schliefen noch, also schlich ich mich nach draußen. Wie es so ist, wenn man leise sein will, war ich es nicht. Denn meine Wanderstöcke fielen im Gang krachend zu Boden. Nach der Morgentoilette verabschiedete ich mich in Gedanken von den anderen Pilgern, den Klosterfrauen und der schönen Herberge. Als ich loslief, war es noch dunkel. Der Himmel war klar und die Nacht wechselte langsam zum Tag. In der Nähe gab es eine Bar, in der ich mich verpflegte.

Danach war ich bald auf der geraden und breiten Straße, die mitten durch flache Felder führte. Am Anfang war sie noch geteert, aber bald nicht mehr. Ich überholte ein paar andere Pilger, begrüßte sie freundlich mit „Buen Camino" und lief immer weiter geradeaus. Die Sonne ging hinter mir auf. Einfach wunderschön! Ich machte ein paar Fotos und genoss die Stille. Der Weg führte kilometerlang geradeaus. Ab und zu tauchte ein Platz mit einem Unterstand auf, wo man hätte Pause machen können. Der Weg war größtenteils nicht im Schatten.

Ich stellte mir vor, wie es wäre, diesen Weg im Hochsommer zu laufen und war sehr froh, meine Reise im März angetreten zu haben. Ich hätte wohl sehr mit der Hitze und der brennenden Sonne zu kämpfen gehabt.

Jetzt jedoch waren die Temperaturen ideal. Nicht zu warm und nicht zu kalt. Also lief ich zufrieden meines

Weges. Nach einer langgezogenen Rechtskurve erblickte ich ein kleines Dorf vor mir. Das erste Haus am Weg war ein Restaurant und zugleich eine Herberge. Ich freute mich, hier eine Pause einzulegen.

Vor dem Restaurant saßen bereits meine deutschen Pilgerfreunde, welche wohl wieder sehr früh losgelaufen waren, genossen ein Bier und plauderten mit anderen Pilgerinnen und Pilger. Ich gesellte mich zu ihnen, stärkte mich und unterhielt mich kurz mit den Anwesenden. Nach der Pause ging es wieder allein weiter.

Da ich vorher meine Zehen gut verarztet und abgeklebt hatte, ging das Laufen super und ich genoss die nicht mehr langweilige Strecke. Nach insgesamt 30 Kilometern kam ich in dem kleinen Dorf Moratinos an, das eine sehr schöne Herberge hatte. Das Restaurant mit einem Nebenhaus, einer Art Container, war noch nicht alt. Der Container verfügte über kleine Zimmer mit Kajütenbetten.

Ich war der Erste für heute und konnte mir ein Bett aussuchen sowie ausgiebig duschen. Etwa zwei Stunden später trafen Frank und Katja ebenfalls ein. Wir genossen zusammen den Abend bei einer guten Flasche Rotwein und aßen im Restaurant. Danach gingen wir schon bald schlafen. Plötzlich erwachte ich in der Nacht und bemerkte, dass mir schlecht war. Ich lief zur Toilette und hatte starken Durchfall. Nach einer halben Ewigkeit auf der Toilette lief ich zurück ins Bett. Vorher nahm ich ein oder zwei Imodium-Tabletten gegen den Durchfall ein. Zum Glück hatte ich welche dabei. Ich betete zu Gott, dass es mir am Morgen wieder besser gehen würde. Denn ich hatte Angst, dass ich nicht weiterlaufen konnte. Was, wenn ich krank würde? Die Gebete halfen mir, Mut und Zuversicht zu fassen und irgendwann schlief ich ein.

TAG 17

Moratinos – El Burgo Ranero, Dienstag, 02.04.2019,
29,3 km

Als ich aufwachte, fühlte ich mich noch etwas wackelig
auf den Beinen, doch ich versuchte es einfach. Im Restaurant kaufte ich mir noch ein paar Bananen und lief los. Ich
hätte der Wirtin sagen können, dass das Poulet Stück vom
Abendessen wohl nicht ganz durchgebraten war. Aber das
änderte auch nichts mehr.

Bald traf ich Frank und Katja und wir liefen ein Stück gemeinsam. In der nächstgrößeren Stadt ging ich in eine
Apotheke und kaufte mir die spanische Version von Imo-
dium. Bei der nächsten Pause trank ich Cola und aß wieder
eine Banane. Zur großen Erleichterung ging es mir wieder
besser. Ich war so dankbar, weiterlaufen zu können und
glücklich, dass es nichts Ernsteres war.

Am Abend konnte ich schon wieder richtig essen und
mein Körper bekam die benötigte Energie. Die Herberge in
El Burgo Ranero war das pure Gegenteil von gestern. Das
Haus stand in einem kleinen Dorf. Es bestand komplett aus
Lehm und Holz was an sich schon speziell war. Im Ober-
geschoss befanden sich die Schlafräume, die durch dünne
Wände voneinander abgetrennt waren. Die Räume hatten
keine Decken, sodass man direkt in den Dachstuhl schauen
konnte, der mit Lehmziegeln abgedeckt war. Dafür war die
Herberge mit 5 Euro für die Nacht günstig und sauber.

Im Wohnraum stand ein kleiner Holzofen, den wir am
Abend anfeuerten. Schon bald breitete sich in dem Raum
eine gemütliche Wärme aus.

Da ich wieder recht früh eintraf, aß ich ein paar kleinere
Lebensmittel, die ich noch dabeihatte. Am Abend kamen
meine deutschen Wegbegleiter an und wir kochten uns

gemeinsam etwas Leckeres zum Essen. Der Seemann Frank und die Hebamme Katja verstanden sich immer besser. Frank kaufte drei gute Flaschen „Vino Tinto", die sie wohl alle austranken. Da ich mit meinem Magen noch etwas aufpassen musste, hielt ich mich beim Wein zurück und verzog mich bald ins Bett.

Als ich gerade einzudösen begann, hörte ich eine Frauenstimme stöhnen. Da die Wände des Hauses so dünn waren, hatte ich das Gefühl, die Geräusche kämen direkt vom Bett nebenan. Als ich etwas klarer im Kopf war, bemerkte ich, dass die Betten neben mir leer waren. Das Gestöhne kam wohl vom unteren Stockwerk bei den dortigen Toiletten. Auf jeden Fall liebten sich die Hebamme und der Seefahrer genüsslich und alle Pilgerinnen und Pilger bekamen es mit. Bei diesen lauten Geräuschen versagten selbst die besten Ohrstöpsel ihren Dienst! Die Herberge war gut gefüllt, vor allem mit Spaniern. Ich konnte mich vor Lachen kaum zurückhalten, denn die Situation war so komisch. Meine Freunde kümmerte es nicht, dass sie so laut waren, oder sie waren zu betrunken und in ihrer unbändigen Lust, um das noch zu bemerken. Irgendwann entschwand die einzigartige Geräuschkulisse und ich schlief ein.

TAG 18

El Burgo Ranero – León, Mittwoch, 03.04.2019,
38,9 km

Beim Kaffee am Morgen kam Frank zu mir und sagte,
dass er es „Mutti" nun endlich richtig besorgt hätte. Ich
verkniff mir ein lautes Lachen und sagte zu ihm, dass ich
mir so etwas Ähnliches schon gedacht hätte. Als ich mich
an diesem Morgen von Katja und Frank verabschiedete,
ahnte ich nicht, dass ich die beiden treuen Weggefährten
zum letzten Mal sehen würde.

Einige Kilometer später, als ich allein war, dachte ich an
die Geräusche der letzten Nacht und lachte laut heraus. Ich
freute mich für das Liebesglück meiner „Pilgereltern", die
mich bereits als „Pilgersohn" adoptiert hatten. Für den
heutigen Tag hatte ich mir 30 Kilometer vorgenommen.
Als ich lief, machte immer wieder mal eine Pause, aß und
trank etwas. Es ging mir sehr gut und beim Lied „Gravity"
von John Mayer hatte ich eine Art Glücks-Flash. Ich weinte
und lachte gleichzeitig. Ich spürte die Welt, das Universum
und die allumfassende Liebe – laut Paulo Coelho „Agape"
– in mir. Ein wunderbares Gefühl! Ich schrie und lachte
laut heraus. Ähnliches hatte ich bei einem Bewusstseins-
training schon einmal erlebt. Ekstase pur! Ein solches Gefühl zu erleben, ist einfach großartig und dafür bin ich dem
Leben, dem Universum und Gott sehr dankbar.

Die Stadt León geisterte mir schon den ganzen Tag im
Kopf herum. Aber eigentlich war es zu weit, um noch
heute in diese Stadt zu laufen. Das wären insgesamt 38 Kilometer gewesen! So weit hatte ich es an einem Tag noch
nie geschafft.

Kurz vor der Ortschaft, in der ich geplant hatte zu übernachten, entschloss ich mich, die letzten sieben Kilometer

doch noch zu gehen. Nach meiner Entscheidung traf ich zufälligerweise einen Pilger, der das gleiche Ziel hatte wie ich. Wir führten ein spannendes Gespräch und so liefen sich die restlichen Kilometer viel leichter.

Der nette Pilger stammte aus den USA, hieß Dave, war Diplomat und unternahm gerade eine Weltreise. Er sagte, dass er schwul sei, woraufhin wir ein spannendes Gespräch über die Kirche und ihre Regeln führten. In der Kirche seien Schwule nicht gerne gesehen. Ich erzählte ihm, dass ich geschieden sei, was von der Kirche ebenfalls nicht gerne gesehen würde. In ihren Augen seien wir beide Sünder. Trotzdem glauben wir an Gott und das Gute. Der Glaube an Gott und die Kirche als Institution sind nicht dasselbe. Das stellten wir in unserem Gespräch fest.

In León verabschiedeten wir uns, nachdem er mir erzählte, dass er sich ein schönes Hotelzimmer gönnen und sich dort mindestens zwei Nächte lang erholen würde. Ich wünsche ihm alles Gute und unsere Wege trennten sich. Diesmal suchte ich mir keine Herberge im herkömmlichen Sinn, sondern entschied mich für ein Hostel für 16 Euro in der Nähe der prächtigen Kathedrale. Somit musste ich nicht weit laufen, um das Stadtzentrum besichtigen zu können. Ich war nämlich müde von den 38 Kilometern, die ich an diesem Tag zurückgelegt hatte.

Wow! Es war ein großartiges Gefühl, es so weit geschafft zu haben und ich war stolz auf meine Leistung. Im Hostel wusch ich meine Kleider für drei Euro und bastelte eine Wäscheleine aus Schnur, die ich dabeihatte, um sie im Zimmer aufzuhängen. In meinem Zimmer waren noch zwei andere Personen, die erst später kamen. Wir unterhielten uns aber nicht weiter.

Per WhatsApp kommunizierte ich mit meinem Pilgerpapa Frank. Katja und er liefen weniger weit als ich, sodass ich wieder allein war.

Ich ging in ein Café und aß etwas Kleines. Es fühlte sich komisch an, sich mit niemandem unterhalten zu können. Aber es war gut so. Im Hostel waren außer Pilgerinnen und Pilger noch andere Leute. Eine Gruppe von sechs Jugendlichen, wohl aus den USA, machte es sich ebenfalls bequem. Als ich ihnen erklärte, dass ich am Pilgern sei und nach Santiago de Compostela laufen würde, staunten sie nicht schlecht. In der Nacht erwachte ich, da die Jugendlichen ziemlich viel Alkohol getrunken hatten und sich ein Drama zwischen den Mädchen und den Jungs abspielte. Irgendwann schlief ich trotzdem ein und dachte, dass das Hostel nicht unbedingt ein gutes Experiment gewesen war.

Gestern telefonierte ich mit meiner Freundin. Es war schön, ihre Stimme zu hören. Ich vermisste sie und mein Zuhause sehr. Deshalb überlegte ich, schon am 15. Mai in Santiago anzukommen, um am 16. Mai nach Hause zu fliegen. Diesen Plan hatte ich schon ein paar Tage vorher im Hinterkopf. Ursprünglich war mein Flug für den 23. Mai gebucht. Doch ich hatte keine Lust, noch eine Woche in Santiago de Compostela zu verbringen und deshalb buchte ich den Flug um, um eine Woche früher nach Hause zu fliegen.

Was die noch zurückzulegenden Kilometer betraf, lag ich gut im (neuen) Plan. Es waren noch etwas über 300 Kilometer bis nach Santiago de Compostela. Wenn es so weiterging, sollten diese Kilometer bis ins Ziel innerhalb von zwölf Tagen gut zu schaffen sein.

TAG 19

León – Hospital de Órbigo, 04.04.2019,
32,9 km

Ich bin um halb sieben aufgestanden, habe etwas gegessen und einen Kaffee getrunken. Ich machte mir nicht die Mühe, leise zu sein. Die Jugendlichen am Vorabend hatten das auch nicht getan. Die zwei Pilger in meinem Zimmer waren ebenfalls schon aufgestanden und bereiteten sich auf den Tag vor.

Ich lief mitten durch die Stadt. Der Morgen übte wie immer einen besonderen Reiz auf mich aus. Es war der Beginn des Tages und alles war noch ruhig. Während ich lief, machte ich gleich noch eine Stadtbesichtigung, denn der Jakobsweg führte an vielen schönen Gebäuden vorbei. Danach kam der weniger schöne Teil. Ich lief an einer Autobahn entlang. Und das den ganzen Tag! Laut Reiseführer gab es noch eine andere Route, die jedoch drei Kilometer länger gewesen wäre. Darauf konnte ich gut verzichten. Da ich bereits vorher wusste, was mich erwarten würde, nahm ich es recht locker. Aber nach sechs Stunden und 32 km hatte ich dann doch genug von diesem sch... lauten und stinkenden Verkehr!

Müde kam ich in Hospital de Órbigo an. Eine schöne Steinbrücke führte in das Dorf. Laut Reiseführer befand sich rechts vor dem Dorf eine Herberge. Ich hatte Glück. Die Herberge war sehr gepflegt und die Gastgeberin war sehr freundlich . Ich bekam ein Vier-Bett-Zimmer mit eigener Dusche und WC. Was für ein Luxus! Am Abend gab es ein feines Pilgermenü. Während ich das Menü aß, bemerkte ich zwei etwas älteren Frauen am Nebentisch.

Wir kamen ins Gespräch und sie gaben sich als Pilgerinnen aus Österreich zu erkennen. Ich erinnerte mich, dass ich sie eine Woche vorher schon einmal in einer Herberge gesehen hatte. Damals hatte ich mich jedoch nicht mit ihnen unterhalten. Wir führten ein interessantes und lustiges Gespräch. Sie erzählten mir, dass sie jetzt zum vierten Mal unterwegs seien und jedes Jahr ein weiteres Stück des Jakobsweges zurücklegen würden. Sie seien in Österreich gestartet. Das konnte ich ihnen zuerst kaum glauben, aber als sie von ihren Erlebnissen in der Schweiz und Frankreich berichteten, musste ich es ihnen wohl abnehmen. Sie sagten nämlich, dass die Schweiz für Pilgerinnen und Pilger sehr teuer sei, da es wenige günstige Übernachtungsmöglichkeiten gebe. Das glaubte ich ihnen sofort. Aber was für eine Reise! Von Österreich bis nach Santiago de Compostela. Von Kärnten aus seien es über 2200 Kilometer bis dorthin! Ich war schwer beeindruckt von dem, was diese beiden älteren Frauen bisher geleistet hatten. Hut ab!

Nach dem Abendessen ging ich schlafen. Ich hatte das Zimmer für mich allein, was eine tolle Abwechslung war, und dementsprechend genoss ich es. Aber es war auch etwas komisch. Man gewöhnt sich eben schnell an etwas. Sogar an das Schnarchen anderer Leute!

TAG 20

Hospital de Órbigo – Rabanal del Camino, Freitag,
05.04.2019,
37,2 km

Heute Morgen bin ich den beiden netten Österreicherinnen in der Herberge erneut begegnet. Wir haben noch ein paar Fotos gemacht und uns mit einer herzlichen Umarmung verabschiedet. Die ersten paar Kilometer lief ich wieder an der Hauptstraße entlang, doch danach wurde es zum Glück immer schöner. Es war recht kalt an diesem Morgen, obwohl die Sonne meistens schien. Ich kam sehr gut voran. In Astorga machte ich eine Pause. Die alte Römer-Stadt liegt auf einem Hügel und hatte einen besonderen Charme.

Als ich oben war, ruhte ich mich in einer Kirche aus. Ich fühlte mich gut und sprach ein Gebet. Vor der Kirche konnte ich Ausgrabungen alter Mauern bestaunen. Ein paar Schritte weiter kam ich zu einem schönen Platz, wo ich mir in einer Bar einen Café con Leche und ein Stück Tortilla gönnte. Danach setzte ich mich nach draußen, um die Atmosphäre zu genießen. Ich beobachtete das Spiel der Wolken am Himmel, die zwischendurch die Sonne verdeckten. Ich spürte, wie gut mir dieser Ort tat, aber ich musste weiter.

Ein paar Schritte weiter befand sich eine Apotheke, in der ich vorhatte, neue Schuheinlagen zu kaufen. Ich wusste genau, was ich wollte, und die Verkäuferin suchte mit mir die passenden Einlagen. Sie sollten dünn sein und trotzdem dämpfend wirken. Glücklicherweise fand ich welche von Scholl, die zu passen schienen.

Ich lief zu einer Sitzgelegenheit neben der Kathedrale und schnitt mir die Sohlen zurecht, da es sich um eine

Einheitsgröße handelte. Nach ein paar Metern spürte ich den Unterschied zu meinen alten Sohlen. Die neuen waren merklich weicher, was sich gut anfühlte. Auch meiner rechten Achillessehne taten die Einlagen gut. Also lief ich weiter und weiter. Zwischendurch machte ich Pause und lief anschließend wieder weiter. Irgendwann kam ich in ein kleines Dorf, in dem sich am Ende eine Herberge befand. Ich beschloss, dort eine Pause einzulegen und betrat das Gebäude.

Es gab einen schönen Innenhof und ein alter Schäferhund begrüßte mich freundlich. Ich bestellte ein Bier und rauchte eine Zigarette. Dabei unterhielt ich mich mit dem freundlichen Brasilianer, der mir das Bier ausschenkte. Wir unterhielten uns über Paulo Coelho, den er natürlich kannte, da auch er aus Brasilien stammt. Der Kellner wusste sogar, dass Paulo Coelho in Genf lebte, was mich erstaunte. Weiter erzählte er mir, dass er als Freiwilliger in der Herberge gegen Kost und Logis arbeiten würde. Es sei sehr interessant, welchen unterschiedlichen Menschen er begegnen würde. Er war noch jung und sagte, dass er noch nicht wisse, wohin er als Nächstes gehen würde. Er schätzte die Schweiz als Paradies ein, womit er nicht ganz Unrecht hatte. Komischerweise sehen das die Schweizerinnen und Schweizer oftmals nicht so, was ich sehr schade finde. Aber das geht wohl vielen so, dass sie die Schönheiten in ihrer eigenen Heimat nicht mehr sehen oder bewundern können.

Eigentlich war mein Ziel El Ganso, das 28 Kilometer von Hospital de Órbigo entfernt war. Doch ich fühlte mich gut und lief weiter nach Rabanal del Camino. Diese Entscheidung stellte sich als Glücksfall heraus. Kurz vor dem Ort gab es einen kleinen Wald und rechts davon einen Maschendrahtzaun, an dem die Pilgerinnen und Pilger Tausende von Kreuzen festgemacht hatten.

Sie wurden größtenteils aus Holzzweigen gemacht und in den Maschendrahtzaun eingeflochten. Damit bestätigten sie ihren Glauben und ich tat es ihnen gleich. Die vielen

einfachen Kreuze fand ich eindrücklich und sie berührten
mich sehr. Einfachheit und Glauben. Das hätte Jesus gefallen! In Rabanal del Camino angekommen, kaufte ich in einem kleinen Lebensmittelladen etwas zu essen ein. Die
Verkäuferin war sehr nett und meinte, die Herberge San
Gaucelmo sei die Beste im Ort. Also ging ich um die Ecke
und tatsächlich, da war sie schon. Ich war ziemlich geschafft, denn heute ging es leicht, aber stetig bergauf.

Ich klopfte an und betrat das Steinhaus. Beim Eingang
war niemand, doch ich hörte Stimmen von weiter oben,
also lief ich den Stimmen entgegen. In einem schönen Aufenthaltsraum saßen etwa zehn Personen an einem langen
Tisch. Neben dem Eingang flackerte ein Feuer im Kamin
und es war gemütlich warm. Die Herbergsmutter (Hospi-
talera) kam auf mich zu, lächelte mich freundlich an und
sagte auf englisch: „Komm herein, setz dich und trink einen Tee, um dich aufzuwärmen." Ich setzte mich zur
Gruppe, obwohl ich eigentlich geschafft war und mich
nach einer warmen Dusche sehnte. Die freundliche Herbergsmutter schenkte mir Tee ein und auf dem Tisch stand
feines Gebäck.

Einen so warmherzigen Empfang hatte ich bisher noch
nie erlebt. Ich unterhielt mich mit den anderen Gästen und
genoss das warme Getränk. Man erklärte mir, dass diese
Herberge von Freiwilligen aus England geführt würde.
Auf dem Camino gab es mehrere solcher Herbergen, die
von Freiwilligen aus anderen Ländern betreut wurden. Daher der Tee am Nachmittag. Das ist typisch für die Englän-
derinnen und Engländer. Nach dem herzlichen Empfang
wurde mir die Herberge gezeigt. Sie hatte zwei große
Schlafsäle und in einem davon wurde ich einquartiert. Die
Duschen und WCs waren ebenfalls in Ordnung, sodass ich
zu meiner warmen Dusche kam.

Es gab auch eine großzügige Küche mit Tischen und
Stühlen. Dort kochte ich allein Spaghetti zum Abendessen.
Am Abend um sieben Uhr fand in der alten Kapelle ne-
benan eine Vesper, ein Abendgebet, statt. Fünf Mönche

sangen das Gebet im Chor der sehr alten Kapelle. Die Vesper wurde auf Latein gesprochen und ich verstand kein Wort. Aber es klang sehr schön und es entstand eine wundervolle Atmosphäre in dieser alten Kapelle. Zum Schluss wurden wir Pilger gesegnet. Es war wieder ein eindrückliches Ritual!

Nach dem Gebet ging ich wieder in den Aufenthaltsraum und genoss das warme Kaminfeuer. In Gedanken war ich bei meiner Freundin, meiner Familie und meinen Freunden. Ich konnte es kaum erwarten, sie alle wiederzusehen. Im Schlafsaal traf ich Mladen wieder, dem ich vor langer Zeit schon einmal begegnet war. Er erzählte mir, dass es ihm und vor allem seinen Füßen viel besser gehe. Hirschtalg habe ihm sehr geholfen. Ich hatte keine Ahnung, wie er hierhergekommen war, aber das war ja auch egal. Jeder war auf seinem eigenen Weg und wie er diesen bestritt, war nur seine Sache. Er redete noch immer viel, aber ich freute mich trotzdem, ihn wiederzusehen. Er war bei unseren Begegnungen immer sehr anständig und zuvorkommend.

Als ich zu Bett ging, war es ziemlich kalt im Schlafsaal. Der einzige beheizte Raum war der Aufenthaltsraum. Ich behielt deshalb die meisten meiner Kleider zum Schlafen an und mit dem Daunenschlafsack hatte ich ausreichend warm.

TAG 21

Rabanal del Camino – Ponferrada, Samstag, 06.04.2019, 35,8 km

Ich erwachte wegen der Kälte im Schlafsaal um etwa sechs Uhr. Da es keinen Sinn mehr hatte liegen zu bleiben, fing ich leise an, meine Sachen zu packen und schlich aus dem immer noch dunklen Schlafraum. Die Küche war geschlossen, aber da kam schon der nette Hosptaliero um die Ecke und öffnete sie ausnahmsweise schon um 6:30 Uhr.

So aß ich noch einen Teil der Spaghetti von gestern und trank einen großen Kaffee. Danach verließ ich fast fluchtartig die Herberge. Mich zog es am Morgen immer hinaus auf den Weg. Ich wollte möglichst früh los, obwohl es noch dunkel war. Es schneite leicht und ich bemerkte, dass ich bereits auf 1200 Metern über dem Meeresspiegel war. Es lag etwas Schnee neben dem Weg, aber nicht viel.

Die Dämmerung setzte langsam ein, sodass ich meine Stirnlampe nicht benötigte. „Einfach schön vorsichtig, Schritt für Schritt", sagte ich zu mir selbst. Die Wanderstöcke gaben mir die nötige Sicherheit. Nicht nur an diesem Morgen, sondern auf dem gesamten Weg. Ich lief zu 98 Prozent mit den Stöcken und stolperte deshalb nur äußerst selten. Der Weg war schmal und führte immer etwas bergauf. Die Zeichen des Jakobswegs waren jedoch immer gut zu erkennen. Der Sonnenaufgang in dieser bergigen Landschaft war wunderschön. Es war manchmal sehr steinig und zeitweise rutschte ich mehr, als dass ich lief.

Es ging nicht nur bergauf, sondern auch wieder bergab. Ich lief immer weiter, bis ich den höchsten Punkt des Berges erreicht hatte.

Dort stand das Cruz de Ferro, ein Denkmal auf 1'500 Metern über dem Meeresspiegel. Das ist der höchste Punkt des gesamten Camino Francés und ich war ganz allein dort. Laut Reiseführer sollte man dort einen mitgebrachten Stein hinlegen und damit seine Ängste und Sorgen loslassen. Ich hatte keinen Stein dabei, nahm aber einen der einsam herumlag und deponierte ihn zusammen mit meinen Ängsten und Sorgen auf dem Steinhaufen. Danach lief ich etwas leichter weiter.

Mladen war ebenfalls unterwegs und grüßte mich, als er mit großen Schritten auf der Hauptstraße an mir vorbeilief. Das war das letzte Mal, dass ich ihm begegnete. Nach 16 Kilometern und einigen Höhenmetern, bereits auf dem Abstieg vom Berg, lief ich in ein kleines Dorf und kehrte in einer sehr gemütlichen Bar ein. Da der Kaffee so gut war, nahm ich zwei davon. Außerdem gab es noch feine Kuchen, von denen ich mir ebenfalls zwei Stück gönnte. Die Bar hatte einen großen Kamin, in dem auch Brot gebacken wurde. Sie war sehr alt und sie versetzte mich für einen Moment ins Mittelalter zurück. Meine Kleider waren nass, da es einige Zeit vor der Pause zu regnen begonnen hatte und ich konnte sie etwas trocknen.

Apropos Regen. Am 21. Tag meiner Pilgerreise regnete es zum ersten Mal. Wenn das kein gutes Zeichen war! Als Regenschutz hatte ich eine Regenhülle für den Rucksack und eine wasserdichte Jacke dabei. Auch meine Schuhe sollten ein gewisses Maß an Nässe aushalten. Einige Pilgerinnen und Pilger hatten einen Poncho dabei, den sie über ihren Körper inklusive Rucksack legten. Das war auch eine gute Lösung, wie ich fand. Vor allem, wenn es einen Tag lang durchgehend regnen sollte.

Ich führte noch ein kurzes Gespräch mit einem etwa 70-jährigen spanischen Pilger, der den Weg schon viele Male gelaufen war. Er war noch sehr rüstig, was man auch sein sollte, um in diesem Alter den Weg zu laufen. Nach der Bar ging es sehr steinig den Berg hinunter.

Der Abstieg bei Schneefall und Regen war alles andere als einfach. Der Weg glich einer rutschigen Geröllhalde und war an manchen Stellen sehr steil. Als ich unten in Molinaseca ankam, bedankte ich mich bei Gott und meinem Schutzengel, dass ich heil im Dorf angekommen war. Es glich fast einem Wunder. Ich war nicht einmal ausgerutscht und hatte mir keine Bänder gerissen. Während des Abstiegs betete ich oft das Gebet „Mein Herr und mein Gott“ und vertraute darauf, dass ich es schaffen würde, gesund unten anzukommen.

In Molinaseca lief ich durch die schmale, alte Gasse und stellte mir vor, wie viele Pilgerinnen und Pilger vor mir in den vergangenen Jahrhunderten durch diese Gasse gelaufen waren. Es müssen Abertausende gewesen sein, alle mit ihren eigenen, persönlichen Gedanken im Gepäck, aber alle mit demselben Ziel. Ich kehrte wieder in einer kleinen Bar ein, hängte meine nasse Jacke an den Stuhl und bestellte ein alkoholfreies Bier. Dieses gab mir genug Energie, um die restlichen sieben Kilometer nach Ponferrada zu laufen. Es regnete immer noch leicht, als ich völlig erschöpft dort ankam.

Die letzten Kilometer vor der Stadt waren asphaltiert und meine Füße brannten. Ich schleppte mich zur Herberge – und was sah ich da? Am Schild neben dem Eingang stand: „S. Nicolas von Flüe“. Ich traute meinen Augen nicht. Die Herberge war von hohen Mauern umgeben. Links sah ich eine kleine Kirche und einen großzügigen Garten mit einem dicken Stamm in der Mitte. Rechts befand sich das Hauptgebäude, welches ich daraufhin betrat.

Ich begrüßte die wenigen Anwesenden und setzte mich an die Rezeption. Direkt links neben mir war ein großes Gemälde des Heiligen Niklaus von Flüe. Er war ein einflussreicher Einsiedler aus dem 15. Jahrhundert und er ist der Schutzpatron der Schweiz. Ich hatte immer eine nahe Beziehung zu Bruder Klaus, wie wir ihn in meiner Heimat nennen.

Seine Einsiedelei im Kanton Obwalden habe ich oft besucht und der Ort hat für mich eine besondere Energie, aus der ich immer Kraft und Zuversicht schöpfen konnte. Es war so eindrücklich ihm hier auf dem Weg zu begegnen. Ich war von dem Zufall gleichzeitig begeistert und aufgeregt. Was machte Bruder Klaus auf dem Jakobsweg in Spanien? Da kam eine Frau mittleren Alters hinter die Rezeption und begrüßte mich. Die Hospitaliera war für den Check-in verantwortlich. Ich nahm an, dass die Herberge von Schweizerinnen und Schweizern geführt würde und staunte, als dem nicht so war.

Die Frau begrüßte mich nämlich auf Englisch. Ich fragte sie, warum diese Herberge Niklaus von Flüe heißen würde. Doch sie zuckte nur mit den Schultern und sagte, dass sie aus den USA komme und als freiwillige Hospitaliera für einige Zeit hier sei. Sie könne mir nicht mehr über die Geschichte der Herberge erzählen. Ich bedankte mich für das Dach über dem Kopf und den Stempel in meinem Pilgerpass. Sie wies mir ein Bett in einem 8-Bett-Zimmer zu und ich quartierte mich ein.

Nach einer heißen Dusche fühlte ich mich schon viel besser. Ich hatte nämlich noch etwas vor. Dem Reiseführer konnte ich entnehmen, dass in Ponferrada eine gewaltige Templerburg stehen würde. Diese wollte ich unbedingt erkunden. Ich zog meine Turnschuhe an und machte mich auf den Weg. Nicht weit von der Herberge sah ich sie. Sie war sehr imposant mit einer Zugbrücke und Türmen, wie man sie aus Mittelalterfilmen kennt. Ich versetzte mich in die Zeit, als die Ritter des Templerordens hier lebten und den Jakobsweg und seine Pilger vor Räubern und Dieben beschützten. Als ich auf den Mauern stand, erkannte ich, dass die Burg auf einem Felsen stand. Unterhalb sah ich die Stadt. Diese war gar nicht so klein, wie ich zuerst angenommen hatte.

Aufgrund des schlechten Wetters blieb ich nicht lange und auch der Hunger machte sich in meinem leeren Magen breit. Ich machte mich auf die Suche nach einem

Supermarkt und fand ihn irgendwann in einer verwinkelten Seitengasse, nachdem ich mehrere Einheimische nach dem Weg gefragt hatte. Dort kaufte ich Brot, Fleisch, Chips und Bier.

Ich muss dir gestehen, dass ich auf dem Weg täglich Alkohol getrunken und ein paar Zigaretten geraucht habe. Aber bei dieser langen und beschwerlichen Pilgerreise gönnte ich mir diese kleinen „Sünden". Die Hospitaliera sagte mir, dass heute Abend um acht Uhr ein Gottesdienst und anschließend ein Fest stattfinden würde. Ich verstand nicht wirklich, worum es ging. Aber die Messe besuchte ich gerne. Ich aß meine eingekauften Lebensmittel im Aufenthaltsraum. Es waren ein paar andere Pilgerinnen und Pilger anwesend, aber ich unterhielt mich nicht wirklich mit ihnen. Die meisten waren zu zweit unterwegs und hatten schon einen Gesprächspartner.

Die Hospitaliera sagte, dass ich meine Schuhe draußen neben dem Eingang hinstellen könne. Da es jedoch den ganzen Tag regnete, waren sie innen und außen nass. Obwohl die Hospitaliera etwas Papier in die Schuhe stopfte, was nett gemeint war, trockneten meine Schuhe dort draußen nie. Trockene Schuhe waren jedoch sehr wichtig, um keine Blasen an den Füßen zu bekommen. Also schmuggelte ich meine Schuhe in den Schlafraum und stopfte sie gründlich mit Papier aus.

Danach legte ich mich aufs Bett und lief kurz vor acht zur kleinen Kirche hinüber. Ich staunte nicht schlecht, denn die Kirche war sehr gut gefüllt, aber ich fand noch einen Platz. Ein Frauenchor begann zu singen und ich bemerkte, dass dies eine besondere Messe sein musste. Ich verstand kein Wort von dem, was der spanische Priester in seiner Predigt erzählte, doch er war mit Leib und Seele dabei.

Die Kirche war schön bemalt. Als ich zur Decke blickte, sah ich ein Bild von Bruder Klaus mit der Aufschrift „Flüeli Ranft", das war der Ort, an dem er lebte. Alles wurde immer seltsamer. Nach der Messe bemerkte ich eine ältere Frau, die mit einer Urne in der Hand die Kirche verließ. Es handelte sich also um eine Abschiedsfeier. Sie lief nach draußen zu dem Holzstamm in der Mitte des Gartens. Dort war bereits eine kleine Grube für die Urne ausgehoben. Die Frau legte die Urne hinein und der Priester sprach ein paar Worte des Abschieds. Es war ein ergreifender Moment, obwohl ich niemanden der Anwesenden und auch nicht den oder die Verstorbene kannte.

Als ich in die Herberge zurückging, war dort einiges los. Jemand kochte in einem großen Topf und die Tische waren gedeckt. Jemand drückte mir ein Getränk in die Hand, vermutlich Sangria und ich stand etwas abseits bei ein paar anderen Pilgerinnen und Pilgern. Es waren auch viele Einheimische anwesend und ich beobachtete das Geschehen. Die ältere Frau, die zuvor die Urne ins Grab gelegt hatte, betrat lächelnd den Raum, zusammen mit dem Priester und weiteren Leuten. Ein Mann spielte auf einem Instrument, welches einem Dudelsack ähnelte, wie ihn die Schotten haben. Es waren wunderschöne Klänge und ich fühlte mich ins Mittelalter zurückversetzt. Wir wurden an die Tische gebeten, wo es Paella zu essen gab. Ich hatte zwar schon gegessen, bekam aber natürlich auch einen vollen Teller.

Die Paella war sehr lecker und der Pilger gegenüber von mir verschlang sie so schnell, dass ich staunte. Zudem trank er einen Sangria nach dem anderen. Als er kurz den Mund leer hatte, erzählte er mir, dass er Italiener sei und schon öfter längere Wege gelaufen sei. Je mehr Sangria wir tranken, desto lustiger wurde das Gespräch. Neben mir saß eine junge Frau aus Barcelona. Sie sah aus wie eine Schauspielerin dessen Namen mir nicht einfallen wollte.

Genau, Penélope Cruz! Die Pilgerin war etwa 20 Jahre jung und sagte, dass sie den Jakobsweg hier beginnen und später auf dem Weg ihre Freunde treffen würde. Langsam entwickelte sich das Ganze zu einer Party und plötzlich stand ich neben der älteren Frau. Die Geschichte mit dem

Heiligen Bruder Klaus ließ mich nicht los, also fragte ich sie.

Zum Glück sprach sie etwas Englisch und eine andere Frau half mir beim Übersetzen. Sie erzählte mir, dass es ihr Mann gewesen sei, den sie vorhin beerdigt habe. Sie hätten sich vor vielen Jahren in Flüeli Ranft, dem Wallfahrtsort des Heiligen Niklaus von Flüe, kennengelernt und verliebt. Sie stamme ursprünglich aus Brasilien und er sei aus Deutschland gewesen. Zusammen hatten sie die Herberge für Pilgerinnen und Pilger in Ponferrada gegründet und sie zum Dank für den Ort ihrer Begegnung Bruder Klaus gewidmet. Mir fehlten die Worte. Es war so berührend und ich glaube, Gott hat mich an jenem Tag in diese Herberge geführt. Das war für mich ein kleines Wunder. Als ich der Frau erzählte, dass ich aus der Gegend komme, umarmte sie mich und küsste mich auf die Backe. Ich sah Freudentränen in ihren Augen, was wunderschön war. Mit vollem Bauch und großer Ergriffenheit von diesem, für mich ganz besonderen Abend, ging ich schlafen.

TAG 22

Ponferrada – Trabadelo, Sonntag, 07.04.2019,
33,8 km

Ich startete wieder früh und schlich ich mich wie immer
aus dem Schlafraum. Am Vorabend hatte ich schon das
meiste zusammengepackt, damit ich am Morgen nicht viel
zu tun hatte. Meine Schuhe waren wieder zu 95 Prozent
trocken. In Gedanken verabschiedete ich mich von dieser
besonderen Herberge, von Bruder Klaus und den lieben
Menschen, die hier lebten.

Das Laufen ging sehr gut und ich lief durch ein paar
schöne Dörfer. Ab und zu machte ich eine Pause und genehmigte mir den obligatorischen Café con Leche mit einem Süßgebäck und danach eine Zigarette. Später wurde
es dann etwas eintönig. Ich musste an einer viel befahre-
nen Straße laufen und es ging immer etwas bergauf. Der
Pilgerweg war durch hohe Betonabsperrungen von der
Straße getrennt, was für die Sicherheit der Pilger sehr gut
war. Es ging langsam, aber stetig Richtung Berge. Auf der
ganzen Strecke habe ich keine anderen Pilger getroffen.
Der harte Asphalt machte sich in meinen Füßen bemerkbar
und ich spürte sie am Ende des Weges deutlich.

Als ich dann endlich in Trabadelo ankam, hatten mehrere Herbergen geschlossen. An der Eingangstür der dritten aufgesuchten Herberge war ein Zettel angebracht. Darauf stand eine Telefonnummer, die ich wählte. Kurze Zeit
später traf die Herbergsmutter ein und ich bezahlte ihr
fünf Euro für die Übernachtung. Sie zeigte mir alles und
verabschiedete sich dann mit einem Lächeln und einer
herzlichen Umarmung.

Ich war gespannt, ob sich bis zum Abend noch jemand
anderes in diese Herberge verirren würde. Aber es kam

niemand. Also hatte ich die ganze Herberge für mich allein! Das alte Häuschen war zwar nicht geheizt als ich eintraf, aber eine kleine Gasheizung leistete mir gute Dienste. In einem Laden ging ich etwas einkaufen und dort begegnete ich einer Pilgerin, die sich in einem Motel einquartiert hatte. Wie sich herausstellte, hatte ich sie schon vor ein paar Tagen in einer Bar getroffen, als ich eine Pause gemacht hatte. Sie zog wohl etwas bessere Unterkünfte vor. Zurück in der Herberge setzte ich mich neben den Eingang und betrachtete das Dorf. Direkt vor der Herberge befand sich eine Kirche mit den beiden, für Spanien typischen, Kirchtürmen. Auf diesen Türmen siedelten sich gerne Störche an. Die großen Nester waren schon von weitem zu sehen. Auf den Türmen vor mir waren jedoch kleinere Vögel zu Hause. Durch das Tal schlängelte sich ein Fluss und daneben verlief die Straße, von der ich gekommen bin. Trabadelo war ein sehr kleines Dorf, das sicher vom Pilgerweg profitierte. Aber zu dieser Jahreszeit war es wie ausgestorben. Dazu kam das nasskalte Wetter. Am Abend kochte ich Ravioli und trank ein Bier. Bald danach kuschelte ich mich in einem der Zimmer in ein altes Kajütenbett. Natürlich unten. Die Herbergsmutter gab mir vorher noch eine dicke Decke, die ich über den Schlafsack legte. Den Gasofen stellte ich zur Sicherheit ab und die Kälte kam erst zurück in den Raum, als ich schon schlief.

TAG 23

Trabadelo – Fonfría, Montag, 08.04.2019,
32 km

Ich frühstückte gut und packte meine Sachen zusammen. An der Rezeption hinterließ ich ein paar Dankesworte und etwas Geld für das verbrauchte Gas der Heizung. Danach ging es wieder ein Stück die Straße entlang, dann zweigte der Weg ab und ich lief wieder in der Natur. Heute hatte ich den nächsten Berg vor mir. Es war der O Cebreiro, dessen höchster Punkt etwa 1'300 Meter über dem Meeresspiegel liegt. Der Weg führte durch ein Dorf und wurde danach immer steiler. Ich genoss den Aufstieg auf diesem schönen, aber steinigen Weg durch die Natur. Vereinzelt traf ich auf ein paar Pilger, die ich freundlich grüßte, als ich sie überholte.

Bisher hatte immer ich die anderen Pilger und Pilgerinnen überholt, es gab noch keine „Schnelleren" und ich kam mir vor wie ein Hochleistungssportler. Aber das war natürlich nur mein eigener Eindruck. Später erfuhr ich von Pilgern, die jeden Tag 50 Kilometer oder mehr zurücklegten. Der Weg hatte für mich mittlerweile auch einen sportlichen Aspekt. Die körperliche Anstrengung tat mir sehr gut und ich konnte meine Gedanken ordnen. Ich fühlte mich im Einklang mit meinem Körper, meinem Geist und der Natur.

Das Wetter war nicht so schön wie ich es bislang gewohnt war, aber es regnete nicht oft. Der Weg wurde immer steiler und schließlich erreichte ich die Schneegrenze. Im nassen Schnee lief ich immer weiter, bis ich schließlich den Berggipfel erreichte. Dort gab es Touristen in Turnschuhen, die aufpassen mussten, dass sie auf dem Schnee nicht ausrutschten.

Ich besichtigte kurz die schöne Kirche und machte ein
Foto. Danach lief ich vom Rummel weg und fand im Dorf
ein gemütliches, rustikales Restaurant. Alles war aus Holz
und ich kam mir vor wie bei Asterix und Obelix. Die Wirtin war etwas fülliger und trug eine Kochmütze. Neben
mir saßen zwei andere Pilger, die genüsslich eine dämp-
fende Suppe schlürften. Ich bestellte mir ebenfalls eine Por-
tion davon. Die Wirtin schöpfte sie aus einem großen Topf.
Darin waren Karotten, Kartoffeln und anderes Gemüse.
Dazu gab es das inzwischen obligatorische alkoholfreie
Bier.

Es war um die Mittagszeit herum und ich hatte noch ein
paar Kilometer vor mir. Also war die Pause recht kurz und
ich ging wieder nach draußen. Der nasse Schnee machte
das Laufen nicht einfacher. Manchmal rutschte ich mehr
seitwärts als nach vorne, sodass ich nicht schnell voran-
kam. Ein weiteres Mal war ich sehr froh um meine Wanderstöcke.

Nach 32 Kilometern und etlichen Höhenmetern erreichte
ich gegen 15 Uhr das kleine Dorf Fonfría. Von diesem sah
ich wegen dem Nebel jedoch nicht viel, aber das war mir
egal. Meine Schuhe waren durchnässt und ich war geschafft. Eigentlich hätte ich den Berg an diesem Tag hinter
mir lassen wollen, da für den nächsten Tag Schnee gemel-
det wurde, aber der O Cebreiro zog sich so in die Länge,
dass ich keine Chance hatte ihn hinter mir zu lassen. Die
Herberge auf knapp 1'300 Metern über Meer ließ sich sehen. Sie hatte ein kleines Restaurant beim Eingang und
eine Rezeption. Der freundliche Gastgeber stempelte meinen Pilgerpass für zehn Euro ab und fragte mich, ob ich am
Abend das Pilgermenü essen wolle. Dies bejahte ich und
bezahlte das Essen gleich mit. In der Nähe gab es sicher
nicht viele Gelegenheiten, um ein warmes Essen zu bekommen. Hinter der Rezeption befand sich ein gemütlicher
und großzügiger Aufenthaltsraum und weiter hinten war
der große Schlafraum für die Pilgerinnen und Pilger.

Dieser war noch nicht alt und die Betten glücklicherweise auch nicht. Einige Pilger hatten sich bereits ein Bett
ausgesucht, was ich auch tat. Meine Schuhe konnte ich im
Eingangsbereich bei einer Schuh-Trocknungsanlage depo-
nieren. Da diese nicht eingeschaltet war, fragte ich den netten Mann an der Rezeption, ob er sie starten könne. Er tat
dies sofort und so wurden meine Schuhe von warmer Luft
getrocknet. Einfach genial! Ich wusch und trocknete meine
Kleidung maschinell. Bei diesem Wetter war das eine großartige Sache. Heute wollte ich noch Bargeld beziehen, aber
zwei Geldautomaten auf dem Weg funktionierten nicht.
Ich hatte noch 30 Euro dabei und diese sollten für heute
noch ausreichen. Morgen würde sich sicher eine Gelegenheit ergeben, Geld zu beziehen.

Am Abend um sieben Uhr gingen ein paar andere Pilger
und ich in ein traditionelles Lokal der Gegend, wo das Pilgermenü auf uns wartete. Es stand etwas unterhalb der
Herberge und gehörte offensichtlich dazu. Der Grundriss
war rund und erinnerte an eine große Jurte. Das Innere
war mit massivem, dunklem Holz ausgestattet. Wir nahmen an einem langen Esstisch Platz und ich kam schnell
mit den anderen Pilgerinnen und Pilgern ins Gespräch. Gegenüber von mir saß ein junges deutsches Paar im Alter
von etwa 25 Jahren. Sie hätten lieber im Zelt übernachten
wollen, aber das Wetter sei dafür nicht passend gewesen
und nun seien sie dankbar über ein festes Dach über dem
Kopf. Die freundliche Wirtin tischte uns eine einheimische
Suppe auf, die der Suppe vom Mittagessen ähnelte. Sie war
sehr lecker. Danach gab es noch ein feines Stück Fleisch mit
Beilagen und genügend Rotwein für alle.

Nach dem Essen unterhielt ich mich mit einem älteren
Australier vor dem schönen Feuer des Schwedenofens. Leider machte die Wirtin Feierabend, sodass sich unsere gemütliche Runde in Luft auflöste. In der Herberge war ich
dann zu müde, um mich noch mit den anderen zu unterhalten und ging schlafen.

TAG 24

Fonfría – Sarria, Dienstag, 09.04.2019,
28,3 km

Ich lief um halb acht los, nachdem ich von der freundlichen Herbergsmutter einen leckeren Café con Leche und ein süßes Gebäck bekommen hatte. Es war immer noch dunkel und ich musste vorsichtig laufen, um nicht zu stolpern. Es schneite und regnete oft an diesem Tag. Der Weg hinunter vom Berg wäre wunderschön gewesen, wenn da nicht der Schnee und die vielen Pfützen gewesen wären. Ich war froh, als ich unter die Schneegrenze kam und lief mit ein paar eher kurzen Pausen zu meiner nächsten Herberge, die ich am frühen Nachmittag erreichte. Diese befand sich in Sarria in einer typischen kleinen Gasse der Stadt. In der Herberge wurde ich von einem Mann mittleren Alters empfangen. Im Eingangsbereich stand ein altes Sofa, auf dem seine Mutter mit einem kleinen Hund saß. Die Herberge stammte vermutlich aus den 70er Jahren und war nicht sehr einladend. Als ich sie betrat, spürte ich sofort die seltsame Stimmung, die dort herrschte. Trotzdem war ich froh, mein Bett im ersten Obergeschoss beziehen zu können. Ich war ganz allein im Zimmer. Beim Duschen ging immer wieder das Licht aus, da der Timer des Bewegungsmelders zu kurz eingestellt war. Das war etwas nervig. Erst nach dem Duschen bemerkte ich, dass es einen separaten Lichtschalter gegeben hätte. Das fand ich dann wieder lustig. Und ich stellte einmal mehr fest, wie nah Ärger und Freude beieinander sein können. Als ich mich aufs Bett legte, hörte ich, wie sich Leute stritten. So wie ich es mitbekam, hing der Segen dieser Herberge ziemlich schief.

Der ältere Sohn hatte es wohl nicht ganz einfach mit seinen Eltern, die auch noch mitzureden hatten. Etwas später kam eine Spanierin ins Viererzimmer, die den Jakobsweg hier begann. Noch etwas später kam ein italienisches Paar im mittleren Alter ins Zimmer, das ich auch schon in der letzten Herberge gesehen hatte. Ich hatte sie auch im Restaurant auf dem Berg O Cebreiro gesehen, als ich die feine Suppe aß. Bis dahin hatte ich jedoch noch kein Wort mit ihnen gewechselt. Es war schon interessant, wie man sich auf dem Weg immer wieder begegnete.

Am Abend traf ich das Paar dann, natürlich wieder per Zufall, im Restaurant, in dem ich aß. Wir unterhielten uns ein wenig. Der Mann erzählte mir in gebrochenem Deutsch, dass er bis zu seinem 16. Lebensjahr in der Schweiz, genauer gesagt im Kanton Basel-Land, gelebt habe. Da sein Vater ein Alkoholproblem hatte, sei er zu den Großeltern nach Italien gegangen. Die beiden waren sehr nett. Das Essen im Restaurant war etwas mickrig, um mein großes Loch im Bauch zu füllen. Trotzdem ging ich bald schlafen, denn das Laufen hatte an meinen Kräften gezehrt und ich brauchte Erholung.

TAG 25

Sarria–Ventas de Narón, Mittwoch, 10.04.2019,
34 km

Das italienische Paar stellte den Wecker auf sechs Uhr,
sodass auch ich erwachte. Zum Glück war ich gestern
schon um neun Uhr im Bett. Um halb sieben stand ich auf
und lief um sieben Uhr bei vollkommener Dunkelheit los.
Ich hatte eine Stirnlampe dabei, aber die Batterien hatte ich
aus Gewichtsgründen am dritten Tag meines Marsches in
der dortigen Herberge zurückgelassen. Ist das nicht wit-
zig?! Zum Glück ich hatte noch mein Mobiltelefon, das mir
jetzt etwas Licht spendete. Es war kühl, es regnete und das
sollte den ganzen Tag so bleiben. Nach etwa zehn Kilometern hatte ich in einer Bar einen großen Café con Leche getrunken und dazu etwas Süßes gegessen. Das Personal war
sehr freundlich. Zu der Bar gehörte eine Herberge, die mir
definitiv besser zugesagt hätte, als die Herberge in welcher
ich übernachtete.

Leider musste ich feststellen, dass die Einheimischen in
Galicien nicht besonders freundlich zu mir als Pilger waren. Als ich mich bei einer Pause kurz hinsetzte, wollte ich
den alten Mann grüßen, doch er drehte sich unvermittelt
von mir weg. Vielleicht hatten die vielen Pilger vor mir
keinen besonders guten Eindruck hinterlassen. Den Hund
störte es jedoch nicht und ich begrüßte ihn lächelnd, als er
in meine Richtung lief und ich ihn streicheln konnte. Auch
in den Bars verhielten sich die Leute nicht sehr zuvorkommend. Sie waren es wohl eher gewohnt, Pilger zu sehen.
Viele Pilger starteten ihren Weg in Galicien, weshalb ent-
sprechend viele von uns unterwegs waren.

Später auf dem Weg hatte ich hinter einer halbhohen
Steinmauer eine braune Kuh mit sehr langen Hörnern

gesehen. Sie schaute mich an und als ich die Situation genauer betrachtete, erkannte ich ein kleines, frisch geborenes Kälbchen neben ihr. Das Kälbchen zitterte am ganzen Leib, weshalb ich dachte, dass ich den nächsten Bauern informieren sollte, den ich zu sehen bekomme. Der nächste Hof kam bald und ich fand eine Frau, der ich versuchte, die Geburt des Kalbes mitzuteilen (Ein paar Gesten und „Muh Muh"). Die Bäuerin bedankte sich lächelnd bei mir und gab mir zu verstehen, dass alles in Ordnung sei. Somit hatte ich meine Pflicht getan und ging meines Weges.

Während des Laufens überholte ich noch ein paar andere Pilger, doch niemand war gesprächig. Auch nicht das deutsche Paar, dem ich den Hut ein paar hundert Meter nachgetragen hatte, weil „Madame" ihn auf dem Weg verloren hatte. So lief ich weiter und weiter. Es regnete immer wieder, dann schien die Sonne und das wiederholte sich ständig. Das sei hier in Galicien so, meinte ein Pilger unterwegs. Übrigens kam ich an einem Wegweiser vorbei, auf dem die Zahl 100.000 km stand. Also waren es noch exakt 100 Kilometer bis zu meinem Ziel Santiago de Compostela. Ich schoss zusammen mit dem Stein ein Selfie und lächelte zufrieden in die Kamera. Das war doch noch ein Klacks!

Gegen 14 Uhr kam ich bei der Herberge an. Sie lag direkt am Weg in einem kleinen Dorf. Es handelte sich um ein einstöckiges Haus mit einem großen Schlafraum. Daran angebaut war ein kleines Restaurant. Die Leute, die dort arbeiteten, waren sehr nett. Kaum war ich angekommen, begann es wieder in Strömen zu regnen. Ich war froh, für diesen Tag angekommen zu sein und meine Kleider trocknen zu können. Im leeren Schlafraum suchte ich mir den aus meiner Sicht besten Schlafplatz mit einer kleinen Ablagefläche, auf der ich meine nassen Sachen ausbreiten konnte.

Danach gönnte ich mir eine ausgedehnte, heiße Dusche. Am Abend aß ich mit drei Belgier:innen am kleinen runden Tisch im Restaurant. Es gab ein reichhaltiges Pilgermenü und zwei große Biere. Eine der Belgierinnen war mit ihrem 15-jährigen Sohn unterwegs und wollte ihm das Pilgern näherbringen. Die andere Belgierin war allein unterwegs und schon etwas älter. Wir führten während des Essens eine schöne Unterhaltung und ich ging wie immer früh schlafen. Gegen Abend füllte sich der Schlafraum noch mit einigen Pilgern und ich war wieder einmal froh über meine Ohrstöpsel.

TAG 26

Ventas de Narón – Melide, Donnerstag, 11.04.2019,
29,1 km

Ich stand um sieben Uhr auf und packte leise meine Sachen zusammen. Meistens packte ich schon am Vorabend, um am Morgen möglichst schnell den Schlafsaal verlassen zu können. Das war für mich einfacher, als in der Dunkelheit alles zusammenzusuchen und ich störte die anderen Pilgerinnen und Pilger weniger. Manchmal war auch schon das Licht an, aber eben nicht immer. An diesem Morgen schlich ich mich wieder einmal hinaus. Ich lief ohne Frühstück los. Nach einer Stunde tauchte die erste Bar auf. Hier gönnte ich mir das gewohnte Frühstück.

Es war zu einer schönen Tradition geworden und ich genoss diesen besonderen Moment jeden Tag aufs Neue. An diesem Morgen hatte es Nebel, aber dafür regnete es nicht. Der Nebel malte wunderschöne Bilder in die Landschaft und ich sog diese Stimmung richtig auf. Das Laufen war angenehm und ich traf auf wenige Pilgerinnen und Pilger.

Erst gegen Mittag wurden es mehr und es waren auch Schulklassen unterwegs. Einige der Teenager hatten Lautsprecher dabei und hörten laut Musik. Zunächst kam mir das fremdartig vor, doch dann erinnerte ich mich an meine Klassenausflüge, bei denen es auch immer wild und lustig zu und her ging. Ich konnte es der Jungschar nicht verübeln und so kamen wir gut aneinander vorbei. Wenn ich jetzt so darüber nachdenke, müssen sich die Jugendlichen wohl auch etwas über mich gewundert haben. Ein Typ mit Hut und rotem Bart der seit fast vier Wochen nicht mehr gestutzt wurde, einem großen Rucksack und zwei Stöcken in der Hand. Nicht gerade cool.

Ich lief ohne große Pausen und kam so gegen 14 Uhr in Melide an. Dort war ich in der wunderschönen Herberge San Anton. Ich wusch meine Kleider in der Waschmaschine, hängte sie draussen auf und gönnte mir anschließend ein Bier auf der Terrasse, die sich auf der Rückseite des Hauses in einem schönen Garten befand. Die Sonne schien und es wurde frühlingshaft warm. Ich hatte die ganze Herberge für mich allein. Danach lief ich in einen Supermarkt und kaufte etwas zu essen. Am Abend kochte ich mir Pasta mit Thunfisch. Das Essen war einfach, aber lecker. Da nur wenige Leute in der Herberge übernachteten, hatte ich mein eigenes 4er-Zimmer. Genial!

Melide – O Pedrouzo, Freitag, 12.04.2019,
35,4 km

Um sieben Uhr stand ich auf und gönnte mir in der Herberge einen Kaffee und ein Toast. Endlich einmal eine Herberge, die verstand, dass Pilger früh aufstehen und dass man auch am Morgen Geld mit ihnen verdienen kann. Danach lief ich los. Es war recht kalt draußen und ich trug eine Wollmütze und Handschuhe. Langsam kam die Sonne heraus und es wurde immer wärmer. Es wurde ein sehr schöner Tag.

Eigentlich hatte ich vor, heute 27 Kilometer zu laufen, aber da es an meinem geplanten Etappenziel nicht so viele Herbergen gab, lief ich weiter nach O Pedrouzo. Das waren dann schlussendlich 35 Kilometer, die ich schon sehr in meinen Füßen spürte. Es gab dort viele Pensionen, aber wenige Herbergen. Die ersten beiden Herbergen waren voll, also lief ich einfach mal durch den kleinen Ort – und siehe da! Ich fand eine wunderbare Herberge, in der es noch viel Platz gab. Ich duschte gründlich und legte mich mit noch leicht schmerzenden Füßen ins Bett.

In diesem Ort traf ich einen netten Südkoreaner, der Youngmen hieß. Was für ein toller Name! Er war ebenfalls in Saint-Jean-Pied-de-Port gestartet, jedoch sei er früher losgelaufen als ich. Er sagte, dass er heute noch bis nach Santiago de Compostela laufen wollte. Ich wünschte ihm eine gute Ankunft am Ziel.

Für mich waren an diesem Tag die zusätzlichen 25 Kilometer nach Santiago definitiv zu viel.

Die letzten Kilometer wollte ich morgen früh in Angriff nehmen, um zur Mittagszeit in Santiago zu sein. Ich freute mich sehr auf mein Ziel und noch mehr darauf, dass das

Laufen endlich ein Ende hatte. 27 Tage am Stück mit schmerzenden Füßen am Abend, das war genug. Ich ging noch etwas essen und danach früh ins Bett. Morgen war schließlich mein großer Tag. Zieleinlauf!

TAG 28

O Pedrouzo – Santiago de Compostela, Samstag,
13.04.2019,
25 km

Ich stand um sieben Uhr auf, packte meine Sachen zusammen und lief los. Es waren noch nicht so viele Pilgerinnen und Pilger unterwegs, worüber ich froh war. Schon früh kam ich an einer Bar vorbei. Die hieß „Km 15". Dort gönnte ich mir einen Kaffee, ein Süßgebäck und meine letzte Zigarette. Ich hatte die Zigaretten in einer Blechkiste von zu Hause mitgenommen, da ich sie selbst mit einer Maschine gestopft hatte. Ich dachte, sie würden bis zum Ziel reichen. Frank, dem Seefahrer, gab ich ab und zu eine, sodass mir diese nun am letzten Tag meines Weges ausgingen. Das passte doch ganz gut. Nach der Pause lief ich weiter durch die Wälder und Dörfer vor Santiago. Einmal machte ich noch eine kurze Kaffeepause. Danach lief ich die letzten 20 Kilometer am Stück durch.

Mir gingen viele Gedanken durch den Kopf. Nicht mehr weit, dann hatte ich es wirklich geschafft. Ich fühlte mich sehr gut und freute mich auf das lang ersehnte Ziel. Plötzlich sah ich den Turm der Kathedrale aus einer Gasse heraus. Also war es nicht mehr weit. Ein paar Schritte weiter tauchte die Kathedrale und der große Platz vor ihr auf. Ich hatte es geschafft! Nach 28 Tagen, 800 Kilometern und über einer Million Schritte stand ich vor der wunderschönen Kathedrale in Santiago de Compostela. Ich stand nur da und schaute die große, prunkvolle Fassade an. Obwohl mir nicht danach zumute war, machte ich ein paar Selfies für die Nachwelt oder wen auch immer.

Danach setzte ich mich an einen Steinpfeiler gegenüber der Kathedrale. Ich ließ den Monat noch einmal in

Gedanken vorübergehen. Ich bedankte mich bei Gott, dass er mich auf diesem wahnsinnig langen Weg ohne größere Probleme geführt und beschützt hatte. Ich fühlte eine riesige Dankbarkeit in mir. Ein wunderschönes Gefühl machte sich in mir breit und ich saß dort sicher noch eine halbe Stunde und hörte mir Lieder an, die mich auf dem Weg begleitet hatten. Später suchte ich das Hotel Rua Villar auf, welches nicht weit von der Kathedrale entfernt war. Ich wurde freundlich empfangen und konnte mein Zimmer beziehen.

Nach den vielen Herbergen gönnte ich mir zum Abschluss meines Weges ein schönes Hotelzimmer. Ich stellte meinen Rucksack und die Wanderstöcke ab und lief wieder zur Kathedrale. Sie wurde gerade umfassend saniert, sodass leider nur ein Teil besichtigt werden konnte. Ich konnte jedoch zur großen Statue des Heiligen Jakobus gehen und musste etwas anstehen, um dann durch eine schmale Treppe hinaufzugehen. Oben angekommen, konnte ich meine Hand auf seine Schulter legen. Ich dankte ihm kurz dafür, dass ich heil bei ihm angekommen war. Danach ging ich hinunter zu seinem Grab. Auch dort bedankte ich mich und verließ die Kathedrale wieder.

Nun war das Pilgerbüro an der Reihe, um meine Urkunde abzuholen. Unterwegs hatte ich Stempel für meinen Pilgerpass gesammelt. Diese Stempel waren der Beweis für meine Pilgerreise. Im Pilgerbüro musste ich nicht lange anstehen und dann erhielt ich zwei Urkunden. Eine Urkunde bestätigte, dass ich den Camino Francés gelaufen bin und auf der zweiten standen die zurückgelegten Kilometer drauf. Somit war meine Pilgerreise nun auch offiziell. Danach lief ich zurück ins Hotel und gönnte mir ein warmes Bad. Am Abend ging ich um acht Uhr essen.

Im Reiseführer wurde das Restaurant Casa Manolo empfohlen, also lief ich dorthin. Ich setzte mich hin, bestellte und als ich den feinen gemischten Salat aß, stand plötzlich Mouji am Tisch und begrüßte mich. Ich traute meinen Augen nicht. Ich hatte sie ganz am Anfang (Tag 4) getroffen und gedacht, dass ich sie nicht noch einmal sehen würde. Das war so lustig. Sie erzählte mir, dass sie jeden Tag größere Distanzen gelaufen sei. Zuletzt seien es 40 Kilometer gewesen. Wir hatten ein sehr gutes Abendessen und verabschiedeten uns nach einer Zigarette, welche sie mir spendierte, wieder (nun für immer). Sie sagte, dass sie noch bis Finisterre weiterlaufen wolle, zum „Ende der Welt". Ich ging dann noch zwei Bier trinken und lag um Mitternacht im Bett, wo ich im Buch „Aleph" von Paulo Coelho weiterlas. Das Buch hatte mich den ganzen Jakobsweg begleitet. Paulo musste einfach dabei sein, denn er war es schließlich, der mich vor Jahren überhaupt auf den Jakobsweg gebracht hatte. Danke, lieber Paulo, für deine Inspiration!

Am Anfang des Weges hatte ich mir vorgenommen, näher zu Gott zu finden. Ich fühlte, dass ich auch dieses Ziel erreicht hatte.

TAG 29

Sonntag, 14.04.2019

Heute habe ich das erste Mal seit einem Monat wieder ausgeschlafen. Das hat richtig gutgetan! Anschließend ging ich raus, um nach einem Kaffee und etwas Süßem Ausschau zu halten. Es war elf Uhr und um zwölf Uhr wollte ich die Pilgermesse in der Franziskanerkirche besuchen. Diese fand ausnahmsweise dort statt, weil die Kathedrale renoviert wurde. Als ich aus dem Hotel kam, waren sehr viele Leute unterwegs, welche Olivenbaum-Zweige in den Händen hielten. Es war Palmsonntag und schon kam die Prozession um die Ecke, der ich folgte. Sie führte zu einem großen Platz, wo der Priester die Leute segnete.

Danach lief ich zur Kirche. Sie war bereits voll mit Menschen, also suchte ich mir einen Platz in den hinteren Bänken. Da fragte ich jemanden, ob ich mich dazusetzen könnte, und siehe da. Es war eine österreichische Pilgerin, die ich vor etwa einer Woche in einer Herberge getroffen hatte. Es gibt keine Zufälle!

So war es auch heute wieder und ich fand es schon fast normal, dass ich überall Menschen begegnete, die ich kannte. Die Messe dauerte eine Weile und wir mussten oft stehen. Das gefiel der österreichischen Pilgerin nicht besonders, da sie müde Beine hatte. Nach der Messe verabschiedeten wir uns und ich ging einen Kaffee trinken. Danach lief ich zum Hotel, aß etwas und schlief dann drei Stunden friedlich. Am Abend wollte ich wieder in dasselbe Restaurant wie gestern gehen, doch leider hatte es geschlossen. Da war wieder ein Umzug. Diesmal waren es Leute, die rote, hohe Kapuzen trugen und trommelten. Was es nicht alles gab…

Ich fand dann doch noch ein Restaurant und ich war der einzige Gast im Speisesaal. Das war mir aber egal und ich aß ein gutes Pilgermenü für 16 Euro. Danach habe ich vor einer Bar zwei Bier getrunken und mit meiner Freundin per WhatsApp geschrieben. Sie war mir in dieser Zeit noch mehr ans Herz gewachsen und ich konnte es kaum erwarten, sie in meine Arme zu schließen. Später stand ich vor dem Hotel in einer dieser alten Gassen der Stadt und rauchte eine Zigarette. Ich stellte mir, wie so oft auf dem Weg, die Fragen: Wie viele Menschen sind durch sie hindurch gegangen, über die Jahrhunderte hinweg? Mit welchen Zielen und mit welchen Träumen? Ich liebte diese Atmosphäre sehr. Alles war und alles ist. Jetzt, gestern und für immer. Die Glocken schlugen. Es war Mitternacht und ich wurde müde. Ich sagte zu mir: „Morgen ist ein neuer Tag. Alles um mich herum wird neu sein und gleichzeitig alt. Ich lebe in dieser Welt, so wie ich sie mir erschaffen habe und so, wie sie immer schon war. Einfach nur schön. Amen.“

TAG 30

Montag,15.04.2019

Ich habe bis ungefähr um neun Uhr geschlafen und danach ging ich einen Kaffee trinken und eine Zigarette von meiner neuen Packung rauchen. Später spazierte ich durch den angrenzenden Park der Altstadt, besuchte das Museum der Kathedrale und verabschiedete mich vom Platz vor der Kathedrale. Dem Ziel meiner Reise. Ich spürte die magische Energie, die von diesem Platz ausging. Auch jetzt gerade kamen viele Pilgerinnen und Pilger an. Ich hoffte, dass sie eine gute Reise mit vielen schönen Erlebnissen und wenig Schmerzen hatten. Am Abend ging ich noch einmal in mein Lieblingsrestaurant essen und danach bald schlafen.

NACHWORT

Dienstag, 16.04.2019

Am 16.03.2019, also genau vor einem Monat, startete ich mein Abenteuer Jakobsweg. Ich ging mit Erwartungen und Freude auf die Reise. Trotzdem schlichen sich manchmal Ängste in meinen Kopf.

Als ich am nächsten Tag meine ersten Schritte auf dem Weg unter die Füße genommen hatte, nahm ich mir etwas vor. Ich wollte Gott näherkommen und das ist mir gelungen. Durch Gebete, durch Begegnungen mit anderen Menschen und Tieren, durch das Alleinsein und die Auseinandersetzung mit mir selbst, durch die Natur und durch die Welt in ihrer ganzen Fülle.

Nun saß ich im Flugzeug nach Hause. Ich hatte gerade das Buch „Aleph" von Paulo Coelho zu Ende gelesen. Wie Paulo war auch ich auf einer Reise und seine Worte hatten mich begleitet.

Ich bin Gott dankbar, dass er mich auf diesem Abenteuer geführt und begleitet hatte. Er gab mir alles, was ich mir gewünscht hatte: Schmerzfreie Füße (meistens), Glaube, Hoffnung, Kraft, Ausdauer, schöne Begegnungen, Mut und Zufriedenheit. Ich bedankte mich bei meinem Schutzengel, der mich bei jedem Schritt begleitet und beschützt hatte. Ich bedankte mich bei meinen Ahnen, die mich auf meinem Weg begleitet, gestützt und geführt hatten. Ich bedankte mich bei allen Menschen, denen ich auf meiner Reise irgendwann und irgendwo begegnet bin. Für Gespräche, Umarmungen oder auch nur ein Lächeln. Ich bedankte mich bei den vielen Tieren auf dem Weg, die mir freundlich gesinnt waren und mich verzaubert hatten.

Das ganze Leben ist eine Reise und dieser Weg war nur ein Teil davon. Und doch konnte ich das Leben seit langer Zeit nicht mehr so achtsam und zufrieden genießen, wie auf dem Jakobsweg. Ich werde diese Zeit nie vergessen. Es war das Schönste, das ich je in meinem Leben gemacht habe. Irgendwie habe ich das Gefühl, dass ich nicht zum letzten Mal in Santiago de Compostela gewesen bin…

Und zu guter Letzt meine 10 Erkenntnisse:

Eine gute Vorbereitung ist der Schlüssel zum Erfolg.

Stecke dir realistische Ziele.

Weniger ist mehr.

Leiden gehört zum Leben.

Wenn du Gutes suchst, wirst du Gutes finden.

Deine eigenen Grenzen sind verschiebbar.

Der Weg ist das Ziel, aber ohne konkretes Ziel kommst du nirgendwo an.

Laufen erdet und befreit deinen Kopf von unnötigen Gedanken.

Vertrauen in Gott lässt Ängste schwinden.

Beten hilft!